Trutz Hardo

Reinkarnation

W0041119

REINKARNATION

FRÜHERE LEBEN & IHRE WIRKUNG

Glaube oder Realität?

TRUTZ HARDO

//////////////// SILBERSCHNUR ////////////////

© Copyright Verlag »Die Silberschnur« GmbH

ISBN: 978-3-89845-291-5

1. Auflage 2010

Gestaltung & Satz: XPresentation, Güllesheim
Druck: Finidr, s.r.o. Cesky Tesin

Verlag »Die Silberschnur« GmbH · Steinstr. 1 · 56593 Güllesheim
www.silberschnur.de · E-Mail: info@silberschnur.de

INHALT

1

Was verstehen wir unter Reinkarnation?

Die Bezeichnung *Reinkarnation* leitet sich von dem lateinischen Verb *reincarnare* ab. Dieses Wort setzt sich aus drei Teilen zusammen: *re* = wieder, *in* = in, *carne* = das Fleisch. Damit ist gemeint, dass die Seele sich wiederum in das Fleisch, sprich in den Körper, hineinbegibt. Das lateinische Substantiv dazu heißt *reincarnatio*, das wir mit »Wiedergeburt« oder in der direkten Übernahme aus dem Lateinischen mit »Reinkarnation« bezeichnen. Dass die Seele sich wieder in einen neuen Körper begibt, setzt voraus, dass sie schon einmal vorher in einem Körper gewesen sein muss, denn wenn dies zum ersten Mal geschehen würde, müsste man logischerweise von »Inkarnation« sprechen. Doch wenn Menschen von ihrer jetzigen Inkarnation sprechen, meinen sie nicht, dass sie im gegenwärtigen Leben zum ersten Mal inkarniert sind, sondern sie verstehen darunter meist, dass ihre Seele sich in einem anderen Körper erneut reinkarniert hat.

Die Reinkarnation bedingt, dass der Mensch aus Geist, Seele und Körper besteht. Der Geist und die Seele sind unsterblich, während der Körper nach dem endgültigem Ausstieg der Seele »stirbt«, verwest, zerfällt, eben als Materie in veränderter Materie weiterhin besteht, selbst wenn der Körper nach dem Tod verbrannt wird. Somit sind auch die Atome eines Körpers »unsterblich«, bleiben sie doch der Erde verhaftet. Wo gehen nun aber der Geist und die Seele nach dem Verlassen des Körpers hin? Hier hat die Erforschung des klinischen Todes viel Licht ins Dunkel bringen können. Beim klinischen Tod, der sich oft bei Unfällen oder auf dem Operationstisch ereignet, hört beim Menschen der Puls- und Herzschlag auf, und es können auch keine Gehirnwellen mehr gemessen werden. Der Mensch ist in jenem Zustand tot. Doch wunderlicherweise können nach wenigen Minuten plötzlich wieder Regungen im Körper des soeben noch »Verschiedenen« beobachtet werden, was auf dem OP-Tisch hin und wieder durch Reanimationsanstrengungen geschehen kann. Die wieder ins Leben Zurückgekehrten berichten, über ihrem Körper geschwebt zu sein und die Vorgänge samt der geäußerten Worte alle mitverfolgt zu haben, also bei Bewusstsein gewesen zu sein. Manche der Reanimierten oder am Unfallort wieder Erwachten teilen auch mit, wie sie durch einen Tunnel geschwebt sind und in allen Einzelheiten Stationen ihres Erdenlebens wiedererlebt haben, bis sie schließlich in ein Licht gelangten, in dem sie von ihren verstorbenen Verwandten und Freunden begrüßt worden sind. Und da tausende von derlei bezeugten Aussagen in der Literatur vorliegen, kann man diese Erlebnisse als wahre Begebenheiten akzeptieren. Von dieser Feststellung ausgehend, dürfen wir sagen, dass die Seele, an die der Geist vorerst gebunden bleibt, nicht materieller, sondern immaterieller Natur ist und einer höheren Dimension angehört.

Die Reinkarnationslehre geht also davon aus, dass sich die Seele, die sich nach ihrem Tod in einer anderen Dimension, die man auch als Jenseits oder

Zwischenleben bezeichnet, aufhält, nach einiger Zeit wieder in einen neuen Fötus hineinbegibt, was zumeist in den ersten Wochen oder Monaten nach der Zeugung geschieht.

2

DAS KARMAGESETZ

Eng verbunden mit der Reinkarnation ist das *Karmagesetz*. Dieses besagt, dass die Seele so viele Male auf die Erde zurückkommen wird, bis sie ganz zur Liebe gefunden hat, denn: Was du säst, sollst du ernten. – Dies bezieht sich sowohl auf gute als auch auf schlechte Taten. Gehst du demnach liebevoll mit anderen um und tust Gutes, dann wird diese Saat in einem späteren Leben gute Früchte tragen. Doch im umgekehrten Falle heißt das: Was du einem anderen aus Lieblosigkeit angetan hast, wirst du in einem späteren oder gar schon in dem anschließenden Leben an dir selbst spüren müssen.

Wenn wir Lieblosigkeit begehen, sei es Mord, Betrug, Verrat, Schläge oder andere Gemeinheiten, dann sind wir Täter. Solche gravierenden Leben mit sehr negativen Taten werden als *Täterleben* bezeichnet. Leben hingegen, in welchen wir das an uns vollzogen sehen, was wir aus Lieblosigkeit anderen angetan haben, werden *Opferleben* genannt. Habe ich in einem Leben Frauen vergewaltigt, so muss ich selbst als Frau wiedergeboren werden, um eine oder mehrere Vergewaltigungen zu erleben. Wir lernen anscheinend nur durch Erfahrungen. Denn wenn ich selbst einmal vergewaltigt worden bin, wird sich meine Seele, so sie sich wieder in einem Mann befinden sollte, hüten, bei einer günstigen Gelegenheit über eine Frau herzufallen, weiß meine Seele doch aus eigener Erfahrung, welche Konsequenzen dies für sie selbst wieder haben würde – und vor allem wie sehr die andere Seele leidet.

Alles, was einem widerfährt, hat einen höheren Grund. Darum ist alles, was uns im Leben begegnet – Gutes wie Schlechtes – genau richtig, damit wir daraus lernen. Es gibt keine höhere Instanz, die etwas über uns verhängt, sondern wir sind selbst für alles, was sich uns im Leben präsentiert, verantwortlich. Denn im Jenseits erkennen wir die Gerechtigkeit des Karmagesetzes, und aus diesem Erkennen heraus bestimmen wir aus freiem Willen das, was wir ausgleichen wollen. In unseren ersten Erdenleben lassen wir uns oft verführen, aus egoistischen Motiven heraus anderen zu schaden, denn uns fehlt ein höheres, altruistisches Liebesvermögen. Wenn wir aber anderen gegenüber lieblos gehandelt haben, müssen wir in den Opferleben diese Verfehlungen an uns selbst erfahren. In solchen Leben steigert sich die Sehnsucht nach Liebe, die die Hauptlektion in jedem Erdenleben ist.

Wenn sich jemand über einen Homosexuellen lustig macht, wird er in einem späteren Leben ebenfalls einmal ein Homosexueller sein müssen, den man wegen seiner sexuellen Orientierung verachtet. Wenn ein Mann seine Frau zwingt, gegen ihren Willen ein Kopftuch zu tragen oder das Haus nicht ohne seine Einwilligung zu verlassen, wird er in einem späteren Leben als Frau ähnliche Verhältnisse erleben müssen. Wer sein Kind schlägt, wird ebenfalls einmal einen Vater bekommen, von dem er geschlagen wird. Hier wären viele Beispiele zu nennen. Aber das Karma wirkt sich auch im gesundheitlichen Bereich aus. Wenn ich jemanden mit einer Waffe hinterrücks tödlich verletze, dann wird sich ein gleiches oder ähnliches Schicksal in einem meiner späteren Leben ergeben müssen, und Nachwirkungen aus solch einem Opferleben mögen im heutigen Leben zudem zu lang andauernden Rückenschmerzen führen.

Das Karmagesetz bewirkt also, dass wir durch Erfahrungen lernen, keine Lieblosigkeiten mehr zu begehen. Wenn wir durch viele Erdenleben hindurch in der irdischen Lebensschule gelernt haben, in Taten, Worten und Gedanken ganz Liebe zu sein, dann ist der Zyklus der Reinkarnationen beendet, und wir werden in höheren Regionen der Schöpfung weiterleben und mehr über die Liebe und die göttlichen Gesetze lernen, bis wir uns wieder mit der Gottheit vereinen. Dies ist das Konzept, das sich als gemeinsamer Nenner durch die Reinkarnationsforschung zieht und mittels Rückführung und Vermittlung aus höheren Quellen erfahren wurde.

3

WAS SPRICHT FÜR, WAS GEGEN DIE REINKARNATION?

Für materiell ausgerichtete Wissenschaftler gibt es kein Leben nach dem Tod und dementsprechend keine Wiedergeburt in einem neuen Erdenkörper. Nur das wird als real anerkannt, was gemessen und immer wieder überprüft werden kann. Doch eine Seele kann man nicht mit materiellen Messinstrumenten nachweisen. Der Medizinprofessor *Rudolf Virchow* sagte einmal, dass er bei seinen Operationen in sehr viele Menschenkörper hineinsehen konnte, jedoch nie eine Seele entdeckt habe. Doch hatte man Sterbende auf Waagen gelegt und dabei festgestellt, dass kurz nach dem Tod der Körper um einige Gramm leichter wurde. Sollte dieses Minimalgewicht zur Seele gehören? Oder verfügt die Seele gar über einen eigenen feinstofflichen Seelenkörper, den die Esoteriker als Geistkörper, Ätherkörper oder Astralkörper bezeichnen?

Das Leib-Seele-Problem hat viele Philosophen beschäftigt. Denn ist die Seele unabhängig vom Körper und kann diesen verlassen, so ergibt sich die Möglichkeit, dass sie sich erneut in einen Körper begeben kann. Zu dieser Gruppe gehören alle Anhänger der Reinkarnationstheorie, während zu der anderen Gruppe vor allem die zählen, die nur den messbaren Beweisen trauen und alles Übersinnliche ablehnen, wie zum Beispiel die Nihilisten. Doch es gibt noch eine dritte Gruppe von Menschen, die sich weder der ersten noch der zweiten Kategorie zuordnen lassen. Für sie gibt es keine eindeutige Erklärung für die eine oder die andere Ansicht, und sie lassen diese Frage bis zu ihrer endgültigen Beweisführung daher offen.

Eine vierte Gruppierung ist in der großen Schar der Gläubigen einer dogmatischen Religion zu finden. Deren Anhänger wollen oder dürfen sich bezüglich der Reinkarnation keine weiteren Gedanken machen, da dies ihren Glauben in Frage stellen könnte. So bekennt sich weder die katholische noch die evangelische Kirche zur Wiedergeburt der Seele in einem neuen Erdenkörper. Für beide Religionen gibt es nur ein einziges Erdenleben und dann das ewige Jenseits, jener Himmel beziehungsweise das Paradies, in welchem vor allem die Gläubigen und Rechtschaffenden bei Gott wohnen. Doch die Gottlosen, Kirchenabtrünnigen, die großen Sünder, Verbrecher und Gotteslästerer erwartet nach dogmatischer katholischer Auffassung ein ewiges Höllenfeuer oder im besten Fall noch ein die Seele reinigendes Fegefeuer, wonach sie durch Gottes Gnade ebenfalls in den Himmel aufsteigen dürfen. Bereut jedoch ein Sünder aus vollem Herzen, so können selbst ihm seine Sünden vergeben werden, was ihn allerdings nicht unbedingt von dem reinigenden Purgatorium befreien dürfte.

Für die Christen ist jedes Ereignis einmalig, denn es wird nie wiederkehren. Der einzige Sinn ist die einmalige Auferstehung, denn nach *Paulus* ist es »dem Menschen bestimmt, ein einziges Mal zu sterben, worauf dann das Gericht folgt.« (Hebr. 9,27) Und in einem anderen Brief (Gal. 6,10) schreibt er: »Deshalb wollen wir, solange wir noch Zeit haben, allen Menschen Gutes tun, besonders aber denen, die mit uns im Glauben verbunden sind.« Die Angst vor einem höheren Gericht nach einem einzigen Erdenleben soll die Gläubigen auf den rechten Pfad führen, damit sie für begangene Sünden nicht vom Himmelreich ausgeschlossen sein werden. Der Ausspruch von Paulus: »Was du säst, sollst du ernten« ist also nicht auf ein neues Erdenleben zu beziehen, sondern auf das einmalige Leben, in welchem man die Saat setzt für die Ernte, die man im Himmelreich ernten wird. Doch wenn jemand mit einer Verstümmelung, einem Wasserkopf oder mit Downsyndrom geboren wird, so stellt sich die Frage, warum Gott dies zulässt? Warum kommt der Eine gesund und der Andere missgestaltet zur Welt? Wo bleibt in diesem Fall Gottes Liebe und Gerechtigkeit? Dieselbe Frage stellt sich, wenn man überlegt, warum der Eine in die größte Armut und der Andere in den größten Wohlstand hineingeboren wurde? Ist Gott ein Zyniker, der so etwas zulässt? Die Kirche hat darauf nur ausweichende Antworten.

Doch für die Vertreter der Reinkarnation liegt solchen »Ungerechtigkeiten« eine höhere Gerechtigkeit zu Grunde. Denn alles hat einen Sinn. Jeder erhält das, was er erlernen soll oder was er aufgrund von früherem lieblosen Verhalten aus karmischen Gründen auszugleichen hat. Einem Menschen, der in äußerte Armut hineingeboren wird und vielleicht hungern und späterhin betteln muss, wurde dieses Schicksal zugeteilt, oder es ist von ihm selbst auserwählt worden, um Armut zu erleben. Diesem Menschen fehlte diese Erfahrung noch, oder er hatte sich in einem früheren Leben Armen gegenüber gleichgültig verhalten und ihnen nichts von seinem Reichtum abgegeben, da er Bettler verachtete. So erzählte einmal *Elisabeth Kübler-Ross* von einem im Sterben liegenden Bischof, der im nächsten Leben als armes Mädchen in Afrika wiedergeboren werden und dort früh verhungern wollte, da er, wie er meinte, in seinem gegenwärtigen Leben noch zu wenig Mitleid mit den hungernden Kindern in der Dritten Welt aufgebracht hatte.

Bei der Vorbereitung unseres nächsten Erdenlebens wissen wir im Jenseits meistens ganz genau, was wir in der erneuten Inkarnation erleben, mit wem wir zusammenkommen, welche Schicksalsschläge wir erleiden und unter welchen Bedingungen wir leben wollen. Wir haben den freien Willen. Und das, was sich in einem Leben ereignet, haben wir uns selbst ausgesucht, oft nach Beratung mit jenseitigen Wissenden, oder wir haben deren Empfehlungen zugestimmt. Nicht Gott hat also die Schicksale über uns verhängt, sondern wir selbst sind die Planer eines erneuten Erdenlebens. Wir haben uns für bestimmte Eltern, Partner und Berufe wie auch für alle wichtigen Lebensumstände und Ereignisse entschieden. Und oft bringen wir den Glauben an die Reinkarnation aus früheren Leben mit in das heutige. Denn von Zeit zu Zeit wechseln wir die Erdregionen, in die wir wiedergeboren werden wollen, wie wir auch unseren Glauben wechseln können durch die Inkarnation in unterschiedliche Kulturen und Religionen.

Das Wundervolle an der Reinkarnation besteht darin, dass wir, so wir etwas in einem Leben versäumt haben, es im nächsten Erdenleben nachholen können. Wenn wir in dem heutigen Leben daran gehindert worden sind, zum Beispiel aus Geldmangel oder Gelegenheit, ein Instrument zu erlernen, dann können wir es uns im nächsten

Leben aufs Programm schreiben und dann das Versäumte nachholen. Verlieben wir uns in eine andere Frau, obwohl wir verheiratet sind, so kann man sich im nächsten Leben bei der Planung im Jenseits dazu verabreden, als Mann und Frau zusammenzukommen. Wenn wir aus karmischen Gründen ein äußerlich bedürftiges Leben führen, so können wir uns beim nächsten Erdenbesuch, aus höherer Einsicht heraus und wenn es für unsere Entwicklung förderlich ist, ein Leben in Fülle aussuchen. Jeder wird zudem einmal arm oder reich sein müssen, deshalb ist es unsinnig, neidisch auf andere zu sein. Denn der Wohlhabende darf in diesem Leben lernen, mit Reichtum umzugehen – sicherlich eine oft sehr schwierige Aufgabe. Doch er wird womöglich auch wieder einmal arm sein. Alles gleicht sich aus.

Wir wissen bei der erneuten Lebensplanung ganz genau, was unsere Seele zum Lernen braucht. Vielleicht suchen wir uns aus höherer Einsicht heraus wieder ein Leben voller Schicksalsschläge aus, entweder um karmische Verfehlungen aus früheren Leben auszugleichen oder um etwas Wesentliches zu lernen. Das Christentum spricht von der Gnade

Gottes, wobei diese nach Auffassung der Reinkarnationslehre im Grunde darin besteht, dass wir Verfehlungen aus dem einen Leben im anderen wiedergutmachen können. Denn wenn ein Verbrecher, Mörder oder Vergewaltiger nach seinem Tod Jesus begegnen sollte, der ihm sagen würde: »Schwamm drüber. All deine Sünden sind dir vergeben!«, wie würde sich dieser Mensch verhalten? Würde er sagen: »Du bist ein toller Kerl. Danke schön.« Oder würde er sich gerechter behandelt fühlen, wenn Jesus sagen würde: »Du hast schlimme Untaten auf Erden verübt. Aber du kannst in einem neuen Erdenkörper wiedergeboren werden und dann alles wiedergutmachen, was du in diesem Leben falsch gemacht hast.« Darüber würde er sich bestimmt mehr freuen. Und tatsächlich, wie es die Rückführungstherapie aufzeigen kann, wird der einstige Bösewicht nun oft ein Helfer, der sich vielleicht sogar in den Dienst der Menschheit stellt oder in den Dienst an den Personen, denen er einst großen Schaden zugefügt hat. Der karmische Ausgleich für seine Untaten kann daneben auch vorerst gestundet werden für eines der nächsten Leben.

Reinkarnationsgläubige vergleichen den Körper oftmals mit einem Auto: Ist dieses nicht mehr fahrtüchtig oder gar zu Schrott gefahren worden, steigt man als Seele beziehungsweise Geistseele aus und sucht sich in aller Ruhe ein neues Vehikel, um sich wieder mobil im erneuten Erdenleben bewegen zu können. Nach der Lehre der Reinkarnation ist jede Seele selbst für ihren Weg zu reiner Liebe verantwortlich. Je länger sie diesen Prozess hinauszögert, desto mehr Inkarnationen muss sie durchleben. Sie schaut, nachdem sie im Jenseits angekommen ist, auf ihr Erdenleben zurück und erkennt, an welcher Wegesstelle beziehungsweise in welcher Situation sie nicht in Liebe gehandelt hat und sich damit von ihrem Ziel, ganz Liebe zu werden, entfernt hat. Sie nimmt sich vor, diese Fehler im nächsten Leben zu korrigieren. Eines Menschen Seele ist also selbst für ihre graduelle Höherentwicklung verantwortlich und benötigt keinen Fürsprecher in Gestalt eines Heiligen vor einem jenseitigen Gericht. Man ist selbst sein eigener Richter.

Immer mehr getaufte Erdenbürger wenden sich von eingrenzenden traditionellen Vorstellungen ab. Und man liest oder hört in den öffentlichen

Medien immer wieder über die Reinkarnation sowie über das Für und Wider der Lehre von der Wiedergeburt. Dogmatische Kirchenvorstellungen dagegen geraten mehr und mehr ins Schwanken, und zum Bedauern der Kirchen werden immer mehr ihrer Mitglieder abtrünnig oder treten gar aus der Kirche aus. Manche davon, die anfangs allem Spirituellen noch gleichgültig gegenüberstanden, werden im Laufe ihres Lebens zu wahren Forschern nach der Wahrheit. Und bei der Suche nach spirituellen Wahrheiten wird jeder mit dem Thema der Reinkarnation konfrontiert werden und sich darüber seine eigenen Gedanken machen.

4

WER GLAUBT AN
DIE REINKARNATION?

Weltweit glaubt etwa die Hälfte der Menschheit an die Reinkarnation. Die meisten dieser Reinkarnationsgläubigen gehören Religionen an, in welchen die Wiedergeburt sanktioniert ist, wie im Hinduismus und in den verschiedenen Variationen des Buddhismus. Aber auch im Christentum haben sich viele hunderttausend Menschen diesem Glauben zugewandt, so dass, wie mir Stefan Jankovich nach einem vertraulichen Gespräch mit Papst *Johannes Paul II.* (1920–2005) mitteilte, sogar im Kardinalskollegium die Rückkehr zum Reinkarnationsglauben diskutiert wurde, glaubte doch Jesus selbst (wie wir noch sehen werden) an die Reinkarnation. In Brasilien dürften achtzig Prozent der Bevölkerung von der Reinkarnation überzeugt sein, hat man doch sogar *Allan Kardec* (1804–1869), dem Begründer des »romanischen« Spiritismus und Erneuerers des Reinkarnationsgedankens, auf Briefmarken gedacht. Auch in Deutschland wächst die Anzahl der Reinkarnationsgläubigen mit jedem Jahr. Augenblicklich dürften nach Schätzungen fünfundzwanzig Prozent der Bevölkerung von der Wiedergeburt überzeugt sein, während weitere fünfundzwanzig Prozent die Möglichkeit wiederholter Erdenleben nicht ausschließen, doch mangels Beweisen noch zweifeln.

Es besteht daher ein großes Interesse an Fernsehsendungen oder Zeitungsberichten, die sich mit der Thematik der Reinkarnation befassen. Vor einigen Jahren brachte VOX eine ganze Serie über in Trance Zurückgeführte heraus, deren Aussagen dann überprüft wurden und große Verblüffung hervorriefen, da sich viele ihrer Hinweise bestätigten. So sagte zum Beispiel eine in Trance Versetzte, dass sie im früheren Leben in einer Kirche gewesen sei, in welcher sich im Glasfenster ein Freimaurerzeichen befunden habe. Dies galt als unmöglich, sah doch die Kirche in der Freimaurerei offenbares Ketzertum, also Feinde der Kirche. Als das Fernsehteam jedoch die Kirche inspizierte, entdeckte man tatsächlich im Fenster das Freimaurerzeichen. Ich selbst war in etwa zwanzig Fernsehsendungen zu sehen, in welchen ich oft live Einzelne oder Gruppen in ihre früheren Leben zurückführte.

In den westlichen Ländern, inklusive den Vereinigten Staaten von Amerika, haben buddhistische und hinduistische Lehrer in den letzten Jahrzehnten an Einfluss gewonnen. Yoga, Reiki (aus dem japanischen Zenbuddhismus stammend), Ayurveda, Meditationstechniken und viele andere ostasiatische Einflüsse brachten in ihrem Gepäck den Reinkarnationsgedanken mit. Um Dutzende von östlichen Religionslehrern wie *Yogananda, Osho, Maharishi, Muktananda, Shri Prabhupada, Shri Chinmoy, Krishna Murti, Swami Rama*, die auch westliche Länder aufsuchten, scharten sich oft Hunderttausende. Allein die Anhängerschaft, die nach Südindien zu *Sai Baba*, der als die Wiedergeburt von *Shirdi Sai Baba* gilt, pilgerte beziehungsweise immer noch pilgert (2009/10) oder sich von seinen Büchern ergreifen lässt, dürfte einige Millionen zählen. Doch am meisten zur Verbreitung des Reinkarnationsgedankens hat der tibetische *Dalai Lama* beigetragen, der im Kindesalter als die Reinkarnation des verstorbenen dreizehnten Dalai Lamas wiedererkannt worden war. Millionen von Menschen haben Bücher und Schriften von und über ihn gelesen, ihn im Fernsehen gesehen oder einem seiner öffentlichen Auftritte beigewohnt.

Es gibt aber auch Menschen, die schon in jungen Jahren an die Reinkarnation glauben und diese für selbstverständlich halten, ohne dafür Beweise nötig zu haben. Ja, es finden sich auch solche Leute, die spontane Rückerinnerungen an frühere Leben hatten und deshalb wissen, dass sie schon in früheren Zeiten in anderen Körpern gelebt haben. Und es gibt sogar Kinder, die sich an ihr vorausgegangenes letztes Leben erinnern und über Einzelheiten berichten konnten, die sich bei einer Überprüfung als richtig erwiesen.

5

WIE KAM DER GLAUBE AN
DIE REINKARNATION ZU STANDE?

Unbewusst tragen wir in uns die höhere Wahrheit, dass wir mit dem Tod nicht für ewig vernichtet sind. Bei den Urvölkern ist meist irgendeine Vorstellung wiederholter Erdenleben vorhanden, doch in den westlichen Zivilisationen wurde dieser Glaube meist durch den analysierenden Verstand verdrängt. Wir benötigen Beweise. Da diese anscheinend nicht zu haben sind, regt sich die Skepsis, und man hört auf jene, die eine Fortdauer der Seele über den Tod hinaus samt einem erneuten Erdenleben abstreiten.

Aber, wie bei den schamanischen Urvölkern verbreitet, stehen viele Menschen mit den Verstorbenen mittels so genannter Trancemedien in

Verbindung. Die Verstorbenen teilen sich den Irdischen durch die Medien mit und sprechen auch über ein Leben nach dem Tod und über erneute Leben in menschlichen Körpern. Einige Urvölker glauben auch, dass man als Tier wiedergeboren werden kann.

Es gibt daneben auch Erwachsene, die sich an frühere Leben zurückerinnern können. So lernte ich einmal auf Zypern den *Magus von Strovolos* kennen, einen sehr weisen Mann, der sich an die verschiedensten früheren Leben zurückerinnern konnte und sogar die damaligen Sprachen noch beherrschte. Doch derlei Erinnerungen bei Erwachsenen sind sehr selten. Ein anderes Phänomen kommt jedoch häufiger vor: Man gelangt zum Beispiel an einen ausländischen Ferienort und ist sich sicher, schon einmal dort gelebt zu haben. Solch eine Ahnung oder gar eine Gewissheit nennt man ein Déjà-vu-Erlebnis. Man zerbricht sich den Kopf, woher man diesen Ort kennt, und fragt sich, ob man eine Reportage darüber im Fernsehen gesehen hat. Oder sollte es wirklich frühere Leben geben, und man erinnert sich beim Anblick der bekannten Landschaft gerade an ein solches?

Bei solchen Erlebnissen muss man nun genauer nachforschen. Steht man plötzlich als Ferienreisender vor einem Hotel am Mittelmeer und ist sich ganz sicher, das Hotel und den Vorgarten wie auch die Baumbepflanzungen genauestens zu kennen, so kann man in der Nacht mit seinem Astralkörper seinen physischen Körper verlassen haben, um den Ferienort und das Hotel zu inspizieren, denn wir sind auch nachts oft unterwegs, und aus Neugier mögen wir unser Ferienziel schon einmal in Augenschein genommen haben. Deshalb liegt in den meisten Fällen von Déjà-vu-Erlebnissen eher eine außerkörperliche Reise vor, wobei die Entfernung keine Rolle spielt. Man spricht in der Esoterik von Astralreisen, die man übrigens auch (zum Beispiel bei Johannes von Buttlar) erlernen kann, um sie bewusst durchzuführen. Kommt man also in solch einem »bekannten« Hotel an und erkennt sogar den Kellner wieder, so handelt es sich bestimmt um eine Astralreise. – Erscheint einem jedoch ein Hotel sehr vertraut, wenn es auch ein bisschen verändert aussieht, so könnte man um das Gebäude herumgehen. Denn wenn es sich um ein Wiedererkennen aus einem früheren Leben handeln sollte, dann wird der Baumwuchs sicherlich anders sein, und auch das Hotelgebäude mag durch bauliche Veränderungen etwas verschieden aussehen. Auch wird man im Hotel selbst die Einrichtungen anders in Erinnerung haben, genauso kennt man sicherlich auch das Personal nicht. Hier sollte man eine Rückführung - wie sie unten noch beschrieben wird - mit sich durchführen lassen, um nachzuprüfen, wann man in einem früheren Leben schon einmal hier gewesen ist.

Aber kommen wir zum nächsten Kapitel, denn dort wollen wir zeigen, bei welchen Völkern und durch welche besonderen Menschen sich der Reinkarnationsglaube verbreitet hat.

6

DIE GESCHICHTE DES GLAUBENS AN DIE REINKARNATION

Wie der Psychologe *Carl Gustav Jung* bestätigt, gehört die Wiedergeburt »zu den Uraussagen der Menschheit überhaupt.« Alle Urvölker scheinen an verschiedene Aspekte der Reinkarnation geglaubt zu haben, egal, ob es sich dabei um Indianer, Eskimos, afrikanische Stämme, die Germanen oder andere Völker handelte, die meist auch dem *Schamanismus* verbunden waren. Der griechische Historiker *Herodot* meinte gar, dass der Reinkarnationsgedanke zuerst bei den alten Ägyptern aufgetaucht sei. *Julius Cäsar* konstatierte, dass die *Druiden* glaubten, dass die Seele unsterblich sei und von einem Körper in einen anderen gehe. Es waren jedoch die Inder, die diesen Glauben zuerst in ihren Schriften, in den so genannten *Veden*, niederlegten, die fünf bis acht Jahrhunderte vor unserer Zeitrechnung verfasst wurden. So findet sich schon in der *Righ-Veda* der Satz: »Das unsterbliche Selbst wird wiedergeboren in einem neuen Körper, entsprechend der Verdienste seiner Taten.« Und das *Chandogaya-Upanishad* erklärt noch genauer: «Die auf Erden einen guten Lebenswandel führten, werden in einen erfreulichen Mutterschoß hineingeboren. (...) Die aber einen stinkenden Lebenswandel führten, werden in einen Hundeschoß oder in einen Schweineschoß eingehen.«

Aber nicht nur die Seelen der Menschen inkarnieren, sondern auch die Gottheiten. So inkarniert der Gott *Vishnu* öfter in Tiere und Menschen. Seine berühmteste Inkarnation ist die des Gottes *Krishna.* In der berühmtesten Schrift der Inder, der *Bhagavad-Gita,* erklärt Krishna dem Fürsten Arjuna: »Jedem, der geboren wurde, ist der Tod gewiss, und jemandem, der gestorben ist, ist die Geburt gewiss.« Und: »Wie ein Mensch alte Kleidungsstücke fortwirft und neue anzieht, ebenso tritt der Bewohner des Körpers, nachdem er seine alten, sterblichen Gestalten verlassen hat, in andere ein, die neu sind.« Und über sich als Gott erklärt er: »Sowohl ich als auch du sind durch viele Geburten hindurchgegangen! Die meinigen sind mir bekannt, aber du weißt nichts von deinen. Ich erzeuge mich selbst unter den Geschöpfen (...), wann immer es einen Niedergang der Tugend und ein Aufkommen von Laster und Unrecht in der Welt gibt. Und so inkarniere ich mich von Zeitalter zu Zeitalter, um die Gerechten zu schützen, die Bösen zu vernichten und Rechtschaffenheit wiederherzustellen.«

Auch in den späteren Ablegern des Hinduismus, dem *Jainismus*, dem *Buddhismus* und dem *Sikhismus*, steht der Reinkarnationsglaube wie etwas Selbstverständliches im Vordergrund. Von *Buddha* gibt es viele Aussprüche zur Reinkarnation: »Willst du die Vergangenheit eines Menschen kennen, betrachte seine gegenwärtige Situation. Willst du die Zukunft eines Menschen kennen, betrachte seine gegenwärtigen Handlungen.« Und noch detaillierter sagt er: »Eine Frau, die im früheren Leben friedlich und sanft war, aber von Natur aus geizig und nicht bereit zu geben, die wird in ihrem jetzigen

Leben schön, aber arm sein. Doch eine Frau, die früher friedlich und sanft und außerdem bereit war, ihren Besitz zu teilen, wird in ihrem jetzigen Leben mit Schönheit und Reichtum gesegnet sein.«

Um 500 v. Ch. verbreitete sich auch in Griechenland der Glaube an die Reinkarnation, vor allem dank des Philosophen und Mathematikers *Pythagoras*. Er konnte sich an zehn seiner früheren Leben zurückerinnern. So war er zum Beispiel einmal ein Fischer und dann auch ein Mitkämpfer bei der Schlacht von Troja gewesen. Auch das Gesetz des Karmas war ihm geläufig gewesen: »Das Ergebnis aller guten Taten eines Menschen im Quadrat, addiert zum Ergebnis aller schlechten Taten eines Menschen im Quadrat, ergibt das karmische Quadrat von Ursache und Wirkung.« Neben anderen griechischen Philosophen vertraten auch *Sokrates* und sein Schüler *Platon* den Reinkarnationsgedanken. So lässt Letzterer seinen Lehrer sagen: »Ich bin überzeugt, dass es wahrlich so etwas wie ein nächstes Leben gibt und dass die Lebenden aus dem Bereich der Toten kommen.« Nach griechischer Vorstellung wandert eine Seele nach ihrem Austritt aus dem Erdenkörper in die Unterwelt. Aber nicht nur bei den Griechen, auch bei den Römern war der Reinkarnationsglaube verbreitet wie zum Beispiel bei *Cicero, Seneca, Apuleius* und vor allem bei *Plotin*.

Wie erstaunlich mag es für heutige Christen sein, dass der Reinkarnationsglaube nicht nur bei den Essenern und bei den Pharisäern verbreitet war, sondern dass sich auch *Jesus* dazu bekannte. Denn er belehrte seine Jünger, dass der Prophet Elias in Johannes dem Täufer wiedergeboren sei (Matth. 17,12-13; Markus 9,13). Und ein anderes Mal fragte er seine Jünger (Lukas 9, 18-19): »Wer, sagen die Leute, dass ich sei?« Sie antworteten, dass einige meinten, er sei einer der alten, wiederauferstandenen Propheten. Hier wird deutlich, dass der Reinkarnationsgedanke schon im Volk verankert war. Denn viele Juden warteten damals – wie auch heute noch – auf die Wiedergeburt des Messias, der die Reinkarnation von König David sein sollte. Unter den ersten Christen war der Reinkarnationsglaube verbreitet, wie er vor allem von Gnostikern und sogar von Kirchenvätern wie *Origines* gelehrt wurde. Dieser sagte: »Wir sind gebunden, stets neue und stets bessere Lebensläufe zu führen, sei es auf Erden, sei es in anderen Welten. Unsere Hingabe an Gott, die uns von allem Übel reinigt, bedeutet das Ende unserer Wiedergeburt.« Doch *Kaiser Justinian* setzte es 553 auf dem Konzil zu Konstantinopel durch, dass die Lehren des Origines und somit der Glaube an die Reinkarnation verboten wurden, ja, dass jemandem, der solch einem Glauben noch anhing, der Kirchenbann drohte, was einem Todesurteil gleichkommen konnte. Seitdem wagte es einige Jahrhunderte lang kein Christ mehr, der Reinkarnation Glauben zu schenken. Doch im zwölften und Anfang des dreizehnten Jahrhunderts breitete sich in der Lombardei und vor allem im Süden Frankreichs eine christliche Sekte aus, deren Mitglieder sich *Katharer* (= die Reinen) nannten. Diese erkannten den Papst nicht als Stellvertreter Jesu an und glaubten an die Reinkarnation der Seele in wiederholten Erdenleben. All dies war Grund genug, dass der Papst befahl, einen Kreuzzug gegen die Katharer (daher das Wort *Ketzer*) zu führen, um sie und ihren Glauben zu vernichten. Somit war auch ein

Wiederaufflammen des Reinkarnationsglaubens in Europa vorerst ausgelöscht worden.

Erst mit der Übersetzung der Schriften Platons im fünfzehnten und sechzehnten Jahrhundert las man an den italienischen Fürstenhöfen dessen Schriften und wurde zumindest im kleinen Kreise wie auch bei den Humanisten mit dem Reinkarnationsgedanken konfrontiert. Der Schweizer Arzt *Paracelsus* (1493–1541) äußerte sich folgendermaßen: »Ist der Körper zerstört, schafft sich der Geist einen neuen Körper, der ähnliche oder höhere Eigenschaften hat.« *Giordano Bruno* bekannte sich nebst anderen ketzerischen Gedanken zur Reinkarnation. Nach langem Gefängnisaufenthalt samt Folterungen verbrannte man ihn öffentlich 1600 in Rom. Europäische Schiffsmannschaften, die nach Indien und in den Fernen Osten segelten, wurden dort oft mit dem Reinkarnationsgedanken vertraut gemacht. Im siebzehnten Jahrhundert verbreitete sich der Glaube an wiederholte Erdenleben bei den Rosenkreuzern. Vieles von ihrem Gedankengut übernahmen späterhin die Freimaurer. Der Philosoph und Mathematiker *Gottfried Willhelm Leibniz* (1646–1716) bekannte sich ebenfalls zur Seelenwanderung, indem er sagte, dass »Seelen den gleichen subtilen Körper bewahren und nur den gröberen Körper wechseln.«

Selbst im Judentum flackerte der Reinkarnationsgedanke, obwohl im Alten Testament nicht erwähnt, immer wieder auf. Schon in dem im zweiten Jahrhundert nach Christi verfassten *Bahir*, einer Schrift aus dem *Talmut*, ist zu lesen: »Der Grund dafür ist darin zu finden, dass letztere Person in einem früheren Leben Unrechtes verübt hatte und nun dafür bestraft wird.« Doch am Ende des zwölften Jahrhunderts wurde als wichtigster Teil der *Kabbala* der *Sohar* verfasst. Darin heißt es: »Die Seelen müssen wieder in das absolute Dasein eintreten, aus dem sie hervorgegangen sind. Aber um dies zu erreichen, müssen sie alle Vollkommenheiten entwickeln, die sie in Samenform bereits in sich tragen. Wenn sie diese Bedingungen während eines Lebens nicht erfüllen, müssen sie ein weiteres Leben beginnen, dann ein drittes usw., bis sie den Zustand erreicht haben, in dem sie sich wieder mit Gott vereinen.« Nach der Vertreibung der Juden aus Spanien am Ende des fünfzehnten Jahrhunderts hatten viele Kabbalisten in anderen Ländern Zuflucht gesucht. In Safed, im heutigen Israel, entstand um den *Rabbi Isaak Luria* (1534–1572) geradezu eine Schmiede des Reinkarnationsglaubens. Dieser Rabbi konnte sogar in der Aura der Menschen deren frühere Leben erkennen und wusste vieles über seine eigenen Inkarnationen zu erzählen. »Jeder Mensch trägt die geheimen Spuren der Wanderung seiner Seele in den Lineamenten seiner Stirn und seiner Hand mit sich sowie in der Aura, die von seinem Körper ausstrahlt.«

Das Gedankengut der Kabbala wurde bei vielen Juden zum Bestandteil ihres Glaubens, besonders bei dem osteuropäischen Judentum. *Bal Shem Tov* (1699–1762) wurde zum Begründer des *Chassidentums*, das ganz von dem Reinkarnationsglauben durchdrungen war. Dieser Wunderrabbi lehrte: «Der Sinn der Wiederkehr ist, dass sich die Einzigartigkeit – dieses wesentliche Gut des Menschen – von Leben zu Leben immer mehr reinige und vollkommen werde.« Und bis zum heutigen Tag bekennen sich hunderttausende von Juden zum

Glauben an die Reinkarnation, wie zum Beispiel der amerikanische Nobelpreisträger für Literatur von 1978 *Isaak Basshevis Singer*, dessen Romane und Erzählungen vom Chassidentum geprägt sind. Er sagte: »Der Allmächtige schuf uns nicht nur für eine Saison und schickt uns dann zum Sterben. Wir kommen immer wieder.«

Mit Beginn des achtzehnten Jahrhunderts setzt sich das Zeitalter der Aufklärung immer mehr durch. Man wagt Gedanken, die in der Kirche als ketzerisch gelten. Einer der herausragenden Philosophen war der Schotte *David Hume* (1711–1776), der sich zur Reinkarnation bekannte: »Die Lehre von der Wiedergeburt ist die einzige Anschauung, der die Philosophie ihre Aufmerksamkeit schenken kann.« Und der französische Philosoph *Voltaire* war von der Reinkarnation ebenso überzeugt wie sein Freund, der deutsche *König Friedrich II.* (1712–1786), genannt »der Große«. Dieser sagte in seinem Todesjahr: »Ich weiß gewiss, das der edlere Teil von mir nicht aufhören wird zu leben. Zwar werde ich wohl im künftigen Leben nicht König sein, aber desto besser: Ich werde doch ein tätiges

Leben führen und noch dazu ein mit weniger Undank verknüpftes.« Im Zeitalter der Aufklärung entstanden mehrere *Freimaurerlogen*, die den Reinkarnationsglauben in ihr Denken integrierten. Zu ihnen gehörten viele der namhaftesten Geister ihrer Zeit wie zum Beispiel Lessing, Goethe sowie auch mehrere Präsidenten der Vereinigten Staaten.

Gottfried Ephraim Lessing (1729–1781) war in Deutschland der erste namhafte Dichter, der sich zur Reinkarnation bekannte. In seiner »Die Erziehung des Menschengeschlechts« krönt er diese Schrift geradezu mit dem Reinkarnationsgedanken. Er schrieb: »Warum sollte ich nicht so oft wiederkommen, als ich neue Erkenntnisse, neue Fertigkeiten zu erlangen geschickt bin? Bringe ich auf einmal so viel weg, dass es der Mühe wiederzukommen nicht lohnet?« Und: »Dieses mein System ist gewiss das älteste aller philosophischen Systeme von der Seelenpräexistenz und Metempsychose (= Reinkarnation, Anmerk. des Verf.), welches nicht allein schon Pythagoras und Plato, sondern auch vor ihnen Ägypter und Chaldäer und Perser, kurz, alle Weisen des Orients gedacht haben.«

Deutschlands größter Dichter, *Johann Wolfgang von Goethe* (1749–1832), konnte sich sogar an ein früheres Leben unter Kaiser Hadrian im antiken Rom erinnern. Über Frau von Stein sagte er: »Ich kann mir die Bedeutsamkeit, die Macht, die diese Frau über mich hat, anders nicht erklären als durch die Seelenwanderung. Ja, wir waren einst Mann und Weib!« Und da sie schon verheiratet war, bat er sie, im nächsten Leben seine Frau sein zu wollen. Auch *Friedrich Schiller* (1759–1805) glaubte an die Reinkarnation. Ja, das ganze neunzehnte Jahrhundert sollte die erlauchtesten Dichter und Denker in den Gedankenstrom der Reinkarnation ziehen. Zum Reinkarnationsgedanken bekannten sich *Johann Peter Hebel, Novalis* (»Wählte ich nicht alle meine Schicksale seit Ewigkeiten selbst?«), *Friedrich Hölderlin, Heinrich von Kleist, Jean Paul, Justus Kerner, Nikolaus Lenau* (»Jeder muss nach unzähligen Wanderungen seinem Schöpfer ähnlich werden«), *Achim von Arnim, Franz Grillparzer, Friedrich Schlegel, August Graf von Platen, Adelbert Stifter, Heinrich Heine, Gustav Schwab, Ludwig Uhland, Eduard Mörike, Christian Dietrich Grabbe, Friedrich Hebbel,*

Wilhelm Raabe, Conrad Ferdinand Meyer (»Was mich hielt, war eigentlich ein Seelenwanderungsgedanke«), *Wilhelm Busch* (»Tausend Möglichkeiten winken dem, der gerne wiederkehrt«), *Peter Rosegger, Emanuel Geibel, Arno Holz* und viele andere. Und der Dichterkomponist *Richard Wagner* (1813–1883), der sogar eine Reinkarnationsoper zu schreiben sich vorgenommen hatte, war davon überzeugt, dass die Lehre von der Reinkarnation »eine Weltansicht« sei, »gegen die wohl jedes andere Dogma kleinlich und borniert erscheinen muss«. Auch der Komponist *Gustav Mahler* (1860–1911) äußerte sich zur Reinkarnation: »Wir kehren alle wieder, das ganze Leben hat nur Sinn durch diese Bestimmtheit.«

Und selbst Philosophen wie *Hegel, Schleiermacher* oder *Fichte* liebäugelten mit dem Gedanken der Reinkarnation, während sich andere wie *Arthur Schopenhauer* und *Friedrich Nietzsche* eindeutig zu diesem Glauben bekannten. Ersterer schrieb: »Der moralische Sinn der Metempsychose in allen indischen Religionen ist nicht bloß, dass wir jedes Unrecht, welches wir verüben, in einer folgenden

Wiedergeburt abzubüßen haben; sondern auch, dass wir jedes Unrecht, welches uns widerfährt, ansehen müssen als wohlverdient, durch unsere Missetaten in einem früheren Dasein.« Und *Friedrich Nietzsche* behauptete: »Die Lehre der Wiedergeburt ist der Wendepunkt in der Geschichte der Menschheit.«

Doch nicht nur in den deutschsprachigen Ländern verbreitete sich im neunzehnten Jahrhundert der Reinkarnationsgedanke, sondern auch in Frankreich (*Honoré de Balzac, Victor Hugo, Gustav Flaubert, Alphonse de Lamartine und Gérad de Nerval*), in England (*William Blake, Walter Scott, Bulwer Lytton, Charles Dickens, William Wordsworth, Samuel Coleridge, Lord Byron, Percy Bysshe Shelly, Elisabeth Barret Browning, Alfred Tennyson, Robert Browning, William Butler Yeats, George Elliot, Oscar Wilde* und natürlich *George Bernard Shaw* und vor allen *Arthur Conan Doyle*), in Skandinavien (*August Strindberg, Selma Lagerlöf*), in Russland (*Leo Tolstoi, Anton Tschechow*) und in Amerika (*Edgar Allan Poe, Ralph Waldo Emerson, Henry David Thoreau, Nathaniel*

Hawthrone, Walt Whitman, Mark Twain). *Thoreau* sprach von der Reinkarnation als dem »Instinkt des Menschengeschlechts«. Und der belgische Schriftsteller *Maurice Maeterlinck* (1862–1949) behauptete Folgendes: »Nie gab es einen Glauben, der schöner, gerechter, reiner, moralischer, fruchtbarer, tröstlicher und in gewissem Sinne wahrscheinlicher ist als der Wiederverkörperungsglaube.«

Es muss den Leser direkt in Erstaunen versetzen, dass so viele Denker und Dichter des neunzehnten Jahrhunderts dem Reinkarnationsglauben huldigten. Und man könnte versucht sein anzunehmen, dass jene Genies, die sicherlich inspiriert waren (*Goethe*: »Alle meine Dichtungen sind mir diktiert worden«), vielleicht aus höheren Quellen mit der Urwahrheit der Reinkarnation vertraut gemacht worden waren.

Die Schriften von *Allan Kardec* (1804–1869), *Helena Petrowna Blavatsky* (1831–1891) und *Rudolf Steiner* (1861–1925) befassten sich mit esoterischen Lehren, in welchen die Reinkarnation samt dem Karmagesetz ausführlich behandelt wurde. Ihre

Lehren fanden nicht nur in Europa, sondern in vielen Teilen der Welt Verbreitung.

Im zwanzigsten Jahrhundert gab es viele inspirierte Dichter (*Rainer Maria Rilke, Hermann Hesse, Gerhard Hauptmann, Christian Morgenstern, Gustav Meyrink, Franz Werfel*), Künstler (*Paul Gauguin, Wassily Kandinsky, Piet Mondrian, Paul Klee, Salvador Dali*) und Musiker (*Bruno Walter, Leonard Bernstein, Herbert von Karajan, Jehudi Menuhin*), die sich zur Reinkarnation bekannten. Auch einige Filmschauspieler waren von der Reinkarnation überzeugt. Zu ihnen gehören illustre Namen wie *Frank Sinatra, Peter Sellers, Shirley MacLaine, Sylvester Stallone, Sharon Stone* und *Richard Gere*. Weiterhin wären die beiden Popstars *Madonna* und *Tina Turner* zu nennen oder auch der Fußballer *Franz Beckenbauer*. Und der berühmte Psychologe *Carl Gustav Jung* bekennt: »Unser Leben ist nicht von uns allein gemacht. Zum größten Teil entstand es aus verborgenen Quellen. Sogar Komplexe können ein Jahrhundert oder länger vor der Geburt ihren Anfang nehmen. Es gibt so etwas wie Karma.«

All diese hier aufgezählten Religionen und Be-
rühmtheiten, die sich zur Reinkarnation bekannten,
glaubten an diese. Diese Bekenntnisse stützten sich
auf philosophische Gedanken, auf Glaubensver-
mittlungen oder auf inneres Wissen. Aber trotzdem stellten ihre Wiedergeburtsvorstellungen noch
keine Beweise dar. Kann man die Reinkarnation
überhaupt beweisen?[*]

---

[*] Die Zitate sind meinem im Entstehen begriffenen illustrierten Buch *Reinkarnation in Wort und Bild – vom Glauben zum Wissen* entnommen.

7

KANN MAN
REINKARNATION BEWEISEN?

Dem physikalisch-materialistischen Weltbild verpflichtete Wissenschaftler halten den Reinkarnationsglauben für fabriziertes Wunschdenken, wünscht sich doch verständlicherweise kein Mensch ein ewiges Aus nach seinem Tod. Diesen Umstand machen sich ihrer Meinung nach die Religionen zu Nutze und reden den Menschen eine Fortsetzung ihres Seelenlebens entweder im Himmel oder in Wiedergeburten ein.

Spott ernten Reinkarnationsanhänger nicht nur von Intellektuellen, sondern auch von vielen Gläubigen aller Couleur, wenn sie behaupten, sie seien die Wiedergeburt einer historischen Persönlichkeit, also zum Beispiel eine Reinkarnation von Kleopatra, Cäsar, Maria Magdalena oder Napoleon. Einigen

gelingt es, durch Rückführungen detaillierte Angaben ihrer früheren Leben zu erhalten, und sie
können diese, soweit es möglich ist, durch Nachforschungen bestätigen. Aber solch ein Unter-
fangen ist oft schwer, zumal man über eine
vergangene Inkarnation, die hundert Jahre oder
gar einige Jahrhunderte zuvor als eine heute un-
bekannte Person durchlebt worden sein mag,
meist keinerlei Dokumente finden kann. Anders
allerdings der Fall des Architekten *Stefan Jankovich*. Er schreibt in seinem Buch *Reinkarnation als
Realität*, dass er während eines klinischen Todes
ein früheres Leben als Fischer an der dalmatini-
schen Küste erlebte. Er konnte sein Dorf samt der
auf einem Hügel stehenden Kirche vom Wasser aus
sehen, und er wusste plötzlich, wie sein Name lau-
tete. Nach seiner Genesung fertigte er sogleich eine
Skizze dieses Dorfes an der Adria an und fuhr mit
seinem Segelboot an jener Küste entlang. Und
dann sah er das Fischerdorf, wie er es nach seiner
Erinnerung aufgezeichnet hatte. Auf dem Friedhof
fand er einen überwucherten Grabstein – und da
stand sein früherer Name.

Tatsächlich kommt es in seltenen Fällen vor, dass man das in Rückführungen Erfahrene – wie Namen, Ort und Zeit – durch Nachforschungen bestätigt finden kann. So ist es einer der von mir Zurückgeführten gelungen (worüber auch die BILD-Zeitung vom 6. Juni 2006 berichtete), den Namen, das Jahr und die Straße ihres früheren Lebens in Aachen als Heinrich Nolte in einem Taufregister aus dem frühen neunzehnten Jahrhundert wiederzufinden. Derlei Nachweise werden aber von den Skeptikern ignoriert. Denn wer möchte schon seine festgefahrenen Überzeugungen aufgeben? Doch einige Wissenschaftler haben trotz der Kritik ihrer Kollegen den Versuch unternommen, die Reinkarnation zu beweisen.

Auf der Suche nach Beweisen

Die meisten der Reinkarnationsgläubigen benötigen keine Beweise, ob es diese gibt oder nicht. Sie wissen es aus eigener oder übernommener Überzeugung. Doch viele Menschen, die keiner Kultur angehören, in der die Reinkarnation als Realität gilt und von vornherein Bestand hat, benötigen

Beweise, dass die Lehre der Wiedergeburt ein Faktum ist. So haben sich verschiedene Wissenschaftler und Privatforscher aufgemacht, nach Beweisen zu suchen. Sie interviewten Leute, die sich an frühere Leben erinnerten, vor allem Kinder, da diese ihrem vorausgegangenen Leben zeitlich noch am nächsten standen.

Der bekannteste unter ihnen ist *Dr. med. Ian Stevenson* (1918–2007). Er war Professor an der Universität von Virginia. Seit 1960 reiste er in der ganzen Welt herum, um Kinder aufzusuchen, die sich an ihr vorausgegangenes Leben erinnerten. Er hatte schließlich in den verschiedensten Ländern Mitarbeiter, die ihn auf mögliche Fälle hinwiesen und ihm vor Ort als Übersetzer dienten. Er spezialisierte sich im Wesentlichen auf Kinder, da diese sich noch am besten zurückerinnerten und sie außerdem noch keine Hemmung verspürten, das zu sagen, was sie vormals erlebt hatten. In den meisten Ländern der so genannten Dritten Welt verfügten die armen Familien damals noch über kein Radio oder Fernsehen, so dass die Kinder keine Informationen über öffentliche Medien erfahren haben konnten. Dennoch erinnerten sich diese Kinder oft noch an ihre früheren Namen und wollten, dass man sie auch in diesem Leben mit diesen anredete. Sie nannten auch oft die Namen ihrer früheren Angehörigen und hegten den Wusch, zu ihnen zurückzukehren – was die jetzigen Eltern allerdings meist zu verhindern trachteten, aus Angst, ihr Kind verlieren zu können.

Stevenson hat bis zu seinem Tod über zweitausend Fälle von sich zurückerinnernden Kindern aus vielen Teilen der Welt gesammelt. Vornehmlich fand er sie in Ländern, in welchen die Reinkarnation Bestand des Volksglaubens ist – wie in Indien, Sri Lanka, Myanmar (Burma), Thailand, bei den Drusen, den Indianern und Eskimos, aber auch in der Türkei, den Vereinigten Staaten, in England, Brasilien, Afrika und anderswo.

Fand er sich bei einem Kind ein, das über Erinnerungen an sein vorausgegangenes Leben verfügte, so befragte er nicht nur jenes, sondern auch die Eltern, Verwandte und andere, denen es über das frühere Leben erzählt hatte. Nur sehr selten wissen Kinder übrigens auch noch etwas über Leben zu berichten, die vor dem vorausgegangenen gelebt worden waren. Stevenson suchte auch die Familie des sich erinnernden Kindes auf, bei welcher es vormals gelebt hatte, um viele Details zu sammeln und somit die Richtigkeit der Aussagen einschätzen zu können.

Wird ein Kind der vormaligen Familie zugeführt, dann spielen sich oft sehr emotionale Szenen ab. Das Kind mag auf seine frühere Ehefrau oder Mutter mit offenen Armen zurennen, diese beim Namen nennen und in der Folge viele Einzelheiten aus dem gemeinsamen Leben aufzählen, die jene bestätigen. Sie akzeptieren dann meist schnell, dass ihr verstorbenes Familienmitglied sich in diesem Kind wiedergeboren hat. Wenn seine Eltern aus dem heutigen Leben sich verständnisvoll verhalten, mögen sie ihrem Kind gestatten, jene andere Familie häufiger zu besuchen, oder es entwickeln sich gar familiäre Freundschaftsbande. Doch einige Eltern verbieten es ihrem Kind, weiterhin Kontakt mit der vormaligen Familie zu haben, da sie, wie bereits oben erwähnt, Angst haben, es an diese zu verlieren.

Etwa jedes fünfte Kind, wie Stevenson ermitteln konnte, befand sich im vorausgegangenen Leben in dem anderen Geschlecht, und solche Kinder bringen oft noch die Eigenheiten des vormaligen Geschlechtes mit. War ein Kind im vorausgegangenen Leben demnach ein Junge, und ist es im heutigen ein Mädchen, so mag es nicht mit Puppen, sondern mit Jungen spielen, mag im Stehen urinieren oder sich gar mit Jungen balgen und Kleidungsstücke für Jungen tragen wollen. Im umgekehrten Fall mag ein heutiger Junge als vormaliges Mädchen mit Puppen spielen, sich wie ein Mädchen kleiden wollen und sich gar nicht an den Spielen mit Jungs beteiligen. Auch die Homoerotik ist – wie es auch Rückführungen und vor allem die Rückführungstherapie nachweisen können – oft darauf zurückzuführen, dass man im vorausgegangenen Leben zum anderen Geschlecht gehörte und nun die gleichen geschlechtlichen Präferenzen hat wie im früheren Leben.

Eine indische Psychologin und Mitarbeiterin Stevensons initiierte mit der Universität in Jaipur ein Forschungsprojekt. Gruppen von Studenten wurden in die verschiedensten Dörfer geschickt, um nachzuforschen, wer von den Kindern oder den Bewohnern sich an sein früheres Leben zurückerinnern konnte. Und man stellte nach der Befragung von Tausenden fest, dass im Durchschnitt jeder vierhundertfünfzehnte Hindu als Kind lebhafte Erinnerungen an ein früheres Leben gehabt hatte. Wie wir von Stevenson und anderen Reinkarnationsforschern wissen, verlieren Kinder im Alter zwischen fünf und acht Jahren ihre Erinnerung an frühere Leben. Nur sehr wenige Menschen können sich auch noch bis ins hohe Alter daran erinnern.

Der Fall Shanti Devi

Einer der bekanntesten Reinkarnationsfälle wurde Mitte der dreißiger Jahre des zwanzigsten Jahrhunderts in Indien durch Wissenschaftler erforscht. In New Delhi bestand eine Dreijährige darauf, nicht *Shanti Devi,* sondern *Lugdi Devi* genannt zu werden, habe sie doch einen Ehemann und einen Sohn. Sie stamme aus Mathura, und sie wolle zu ihrem Mann und ihrem Sohn zurückkehren. Obwohl die Eltern Hindus waren und an die

Reinkarnation glaubten, verboten sie ihr, über ein früheres Leben zu reden, gilt doch noch der aus den alten Veden stammende Aberglaube, dass Kinder, die von einem früheren Leben sprechen, früh sterben würden. In der Schule erzählte sie schon als Sechsjährige ihren Klassenkameradinnen, dass sie schon verheiratet sei und ein Kind habe. Doch sei sie bei dessen Geburt im Krankenhaus verstorben. Ein Lehrer hörte zwei Jahre später ihr Gespräch, führte sie ins Lehrerzimmer und ließ sich dort von der Achtjährigen alles berichten, was sie über ihr vormaliges Leben wusste. Sie nannte ihm auch den Vor- und Nachnamen ihres früheren Mannes und dessen Anschrift.

Nun schrieb dieser Lehrer an jenen Mann in Mathura einen Brief, in welchem er darlegte, dass er eine Schülerin habe, die vorgebe, in ihrem vergangenen Leben Lugdi Devi geheißen zu haben und mit einem Herrn Chobey verheiratet gewesen zu sein, jedoch bei der Kindsgeburt den Tod gefunden habe. Er wisse allerdings nicht, ob die Aussagen dieses Mädchens irgendeinen Bezug zu tatsächlichen Sachverhalten hätten. Als Herr Chobey diesen Brief in den Händen hielt und erkannte, dass alle Angaben den Tatsachen entsprachen, schickte er einen Verwandten, der in New Delhi wohnte, zu jener Familie, um weitere Nachforschungen anzustellen. Als Shanti aus der Schule kam, erkannte sie diesen Verwandten sofort und nannte ihn beim Namen. Sie fragte ihn nach ihrem Mann und ihrem Sohn und konnte so viele Details aus ihrem früheren Leben berichten, dass der Verwandte davon überzeugt war, die wiedergeborene Lugdi vor sich zu haben. Er fuhr sofort zu Herrn Chobey, um ihm über Shanti zu berichten.

Nun wollte auch Herr Chobey mit seiner neuen Frau jenes Mädchen in Delhi selbst aufsuchen. Er gab sich, bei ihrer Familie angekommen, als sein Bruder aus. Doch Shanti, sobald sie ihn erblickte, kniete vor ihm nieder, wie es in dieser Gegend üblich war für eine Gattin. Auf den Hinweis ihrer Eltern, dass dieser Mann doch nicht ihr früherer Ehemann sei, entgegnete sie, dass sie ihn aber wiedererkenne als ihren Mann. Sie entdeckte am Hals seiner neuen Ehefrau eine Kette, die sie als ihre identifizierte, und sie erinnerte ihn daran, dass er ihr vor ihrem Tod versprochen hatte, nie wieder zu heiraten. Lugdi Devi hatte sich vormals an der rechten Hüfte eine schwere Wunde zugezogen. Als Herr Chobey an eben jener Stelle bei Shanti jene Narbe entdeckte, war er nun vollkommen von der Wiedergeburt seiner Frau überzeugt.

Die Presse hatte von diesem interessanten Fall einer bestätigten Reinkarnation erfahren und ihn publiziert. Man drang nun in die Eltern, ihre nun fast neunjährige Tochter mit einem Forscherteam, bestehend aus Kongressabgeordneten, Psychologen und Reportern, nach Mathura zu begleiten, um sich vor Ort von Shanti all die Orte zeigen zu lassen, die sie von früher her kannte. Die Eltern willigten erst ein, als *Mahatma Gandhi* sie persönlich darum bat, diesen Fall einer Wiedergeburt genauer zu erforschen. In Mathura angekommen, hatten sich schon Tausende, von der Presse vorbereitet, am Bahnhof versammelt. Unter diesen erkannte sie den Bruder ihres früheren Vaters, den sie ehrfurchtsvoll begrüßte. Man hob Shanti schließlich auf die Schultern, damit sie in dem Gedränge den Weg zu ihrem Haus weisen konnte. Dort angekommen, vermisste sie im Vorhof einen Brunnen, an dem sie vormals gewaschen hatte. Man hob die Steinplatten hoch und fand den Brunnen. In dem von ihr bezeichneten Schlafzimmer deutete sie auf eine Diele und sagte, dass sie darunter ihre Kassette verborgen gehalten habe. Man hob diese Diele hoch und fand die Kassette, die nach ihrer Aussage zuletzt noch hundertfünfzig Rupien enthalten hatte. Doch diese hatte der anwesende Herr Chobey, wie er ihr nun gestand, nicht, wie von Lugdi angeordnet, einem Tempel gespendet, sondern anderweitig verwandt.

Schließlich gelangte man auch in Lugdis Elternhaus. Sie erkannte dort ihre damaligen Eltern und andere Verwandte wieder und saß dann auf dem Schoß ihrer früheren Mutter, die vor Freude über die Wiedergeburt ihrer Tochter weinte und somit auch die meisten des Komitees zu Tränen rührte. Ihre heutige Mutter aber flüsterte ihrem Mann zu: »Sie wollen uns unsere Tochter stehlen. Und ein jeder nimmt an dieser Verschwörung teil.« Doch ihr Mann entgegnete: »Es ist Schicksal, meine Liebe. Es ist Karma. Wir alle unterliegen diesem Gesetz.« Und als schließlich ein Reporter die Achtjährige fragte, bei welcher der beiden Familien sie nun bleiben wolle, sagte ihre frühere Mutter: »Lassen wir Shanti entscheiden. Sie allein hat das Recht, bei welcher Familie sie bleiben möchte.« Daraufhin verabschiedete sich das Mädchen von ihr und ging zu seiner heutigen Mutter, nahm sie an die Hand und schritt mit ihr aus dem Haus. Shanti Devi wurde später eine sehr bekannte Meditationslehrerin. (Ein ausführlicher Bericht befindet sich in meinem Buch *Wiedergeburt – die Beweise.*)

Ähnliche beweiskräftige Fälle hatte Stevenson ebenfalls gesammelt. Aber sie schienen ihm noch nicht beweiskräftig genug, könnte es doch sein, dass eine verstorbene Entität, also ein erdgebundenes Wesen und vormaliger Mensch, mit seinem Geistkörper in einem Kind hauste und sein eigenes früheres Leben durch den Mund des Kindes oder mittels Telepathie detailliert wiedergab. Was für andere schon beweiskräftig genug schien, wie dieser Fall von Shanti Devi, war für ihn noch kein schlüssiger Beweis. Doch diese fand er mit Hilfe von Kindern, die mit einer körperlichen Behinderung oder einem oder mehreren Muttermalen zur

Welt gekommen waren, bei welchen Vererbung und Verletzungen bei der Geburt nicht in Frage kommen konnten.

Verlag

»Die Silberschnur«

Postfach 41

D-56590 Horhausen

||||||||||||||||||||||||||||||| SILBERSCHNUR |||||||||||||||||||||||||||||||
www.silberschnur.de

AEONA®

Herzensliebe leben
Bewusstsein der neuen Zeit

176 Seiten, broschiert
€ (D) 6,95
ISBN 978-3-89845-281-6

Wer Sehnsucht nach Menschlichkeit, wahrer Liebe, Herzenswärme und Geborgenheit hat, wird sich mit diesem Buch wohlfühlen: Welche inneren Werte schenken uns in Zeiten von Wirtschaftskrisen und Schicksalsschlägen Hoffnung und Zuversicht? Wie können wir Mitgefühl, Selbstliebe und Nächstenliebe erlernen und dadurch unser Leben bereichern? »Herzensliebe leben« führt uns liebevoll zu der höchsten Form der Liebe, einem Glück, das man im »Außen« vergebens sucht.

Ja, ich möchte gerne weitere Informationen erhalten.

Bitte senden Sie mir Informationen

○ per E-Mail *oder* ○ per Post

○ zum Verlagsprogramm

○ zu den Novitäten

○ zu Seminaren

Ihr Interesse wird belohnt!

Unter allen Einsendern verlosen wir monatlich 10 Exemplare unseres Buchtipps des Monats.

Einsendeschluss ist jeweils der 15. des laufenden Monats. Die Gewinner werden schriftlich benachrichtigt, der Rechtsweg ist ausgeschlossen.

Name, Vorname

Telefon   E-Mail

Straße, Hausnummer

Land, PLZ, Ort   Unterschrift

Ich erkläre mich damit einverstanden, dass der Verlag »Die Silberschnur« meine Daten zu Direktmarketingzwecken verwenden darf.

8

VOM GLAUBEN ZUM WISSEN

Mit Schrotkugeln erschossen

In seinem zweibändigen Buch *Reincarnation and Biology* von über zweitausendzweihundert Seiten kommt *Professor Ian Stevenson* auf etwa zweihundert Fälle zu sprechen, in welchen Kinder mit Geburtsnarben oder Verstümmelungen zur Welt gekommen sind und mit dem Heranwachsen von ihrem vorausgegangenen Leben berichteten, in welchem sie meist durch eine Verwundung zu Tode gekommen waren. Einen dieser Fälle möchte ich kurz beschreiben.

Im indischen Staat Uttar Pradesch schoss im September 1954 ein Unbekannter den fünfzigjährigen Bauern Maha Ram Singh vor seinem Ochsenkarren mit einer Schrotflinte nieder. Die Schrotkugeln drangen im rechten unteren Brustwirbelbereich ein. Der Getroffene war nach wenigen Augenblicken gestorben. Sein Mörder wurde nie gefunden, ging man doch schließlich, da kein Widersacher des Bauern bekannt war, davon aus, dass dieser aufgrund einer Verwechslung erschossen worden war. Ein Jahr später kam zweihundertfünfzig Meter vom Haus des Erschossenen entfernt der Junge *Hanumant Saxena* zur Welt. Kurz vor seiner Geburt träumte Hanumants Mutter von jenem vor einem Jahr umgebrachten und ihr bestens bekannten Bauern, der sagte, dass er zu ihr kommen wolle. Auf dem Körper des Neugeborenen hoben sich genau an der Stelle, wo jener Bauer tödlich verletzt worden war, mehrere hellere Flecken gegen die bräunliche Haut ab. Diese Flecken markierten genau die Stellen, an denen die Schrotkugeln, aus geringer Entfernung abgefeuert, in den Körper eingedrungen waren. Und manches Mal, wie der Junge erst durch Gesten, später durch Worte andeutete, verspürte er an dieser Stelle Schmerzen.

Mit drei Jahren erwähnte der Junge zum ersten Mal den Namen seines Mörders und nannte schließlich auch seinen eigenen früheren Namen. Er deutete auf seine Flecken am Brustwirbel und sagte, dass er an dieser Stelle tödlich getroffen worden sei. Er erkannte Leute aus seinem vorherigen Leben wieder, die er mit ihren Namen ansprach. Er besuchte sein früheres Zuhause, wo noch Maha Rams Mutter lebte, und sprach über sein Leben als ihr Sohn. Sie war vollkommen von seiner Wiedergeburt überzeugt, denn woher sonst sollte er all die Begebenheiten aus früherer Zeit gewusst haben? Man zeigte ihm auch verschiedene Gegenstände, die er als die seinen erkannte.

Stevenson suchte 1971 in Begleitung des Arztes *L. P. Mehrotra* den Jungen auf. Beide erkannten an den hellen Flecken die typischen Einschussnarben von Schrotkugeln, wie sie in medizinischen Büchern abgebildet waren. Beide befragten auch noch bei weiteren Besuchen in den folgenden Jahren viele der Verwandten, Bekannten und Freunde des Jungen, was dieser wann zu ihnen über sein früheres Leben gesagt hatte. Stevenson und Dr. Mehrotra suchten das Krankenhaus auf, in dem die tödlichen Verletzungen des Erschossenen von einem Arzt genauestens untersucht worden waren. Dieser hatte damals eine Zeichnung davon angefertigt, die er den beiden Forschern zeigte und die Stevenson abfotografierte. Obwohl sich die Geburtsmale mit dem Heranwachsen Hanumants ein wenig verschoben hatten, deckten sie sich unverkennbar mit den markierten Stellen auf der Skizze des Autopsiearztes.

Der Fall Hanumant ist ein typischer Fall von bewiesener Reinkarnation, wie sie in ähnlicher Art von Stevenson und anderen Reinkarnationsforschern in hunderten von Fällen überprüft worden sind.

Stevenson hat eine ganze Reihe von Reinkarnationsfällen untersucht, bei denen eine Mutter von einer ihr meist bekannten Seele, aber in wenigen Fällen auch von einer ihr unbekannten, aufgesucht wurde, die sie gebeten hatte, als ihr Sohn beziehungsweise ihre Tochter wiedergeboren werden zu dürfen. Wir wissen aus der Reinkarnationstherapie, dass die Seele im Fötus der Mutter mittels Gedankenübertragung meist schon den Namen eingibt, den sie tragen möchte. Auch essen Mütter während der fortgeschrittenen Schwangerschaft oft Dinge, die sie sonst nie oder kaum gegessen haben, denn die im Fötus wohnende Seele gibt ihr ein, was sie gerne essen würde. Dabei handelt es sich meistens um das, was diese in der vorhergehenden Inkarnation am liebsten gegessen hatte.

Von einer Axt tödlich am Kopf getroffen

Es gibt Reinkarnationsfälle, bei welchen das wiedergeborene Kind seinen Mörder aus dem früheren Leben wiedererkennt. Einen solchen Fall hatte mein Freund, der israelische Arzt *Professor Dr. Eli Lasch,* als Augenzeuge miterlebt und mir berichtet. Obwohl dieser Fall ausführlich in meinem Buch *Wiedergeburt – die Beweise* beschrieben worden ist, möchte ich ihn verkürzt wiedergeben. Im Nordosten Israels wie auch im Libanon und in Syrien leben die Drusen, die als islamische Sekte dennoch die Reinkarnation in ihren Glauben integriert haben. Oft werden bei diesem Volk Kinder geboren, die sich an ihr vorausgegangenes Leben erinnern. Auch untersucht man gewöhnlich nach deren Geburt, ob auffällige Narben zu finden sind.

Beginnt ein Kind über sein früheres Leben zu sprechen, dann will man von diesem erfahren, wer es genau war und wo es gelebt hat. Es wird dann ein Untersuchungsteam von Männern gebildet, die das Kind in die umliegenden Dörfer führen, um herauszufinden, ob es eines von diesen wiedererkennt, weiß man doch, dass Kinder oft in der Nähe ihrer früheren Umgebung wiedergeboren werden.

Ein dreijähriger Junge mit einer länglichen, roten Geburtsnarbe über seiner Stirn wusste seinen vormaligen Namen nicht, doch er erzählte seinen Eltern, dass er mit einer Axt erschlagen worden war. Aus seinen weiteren Angaben vermutete man, dass er in der Nähe gelebt haben musste, und mit Autos suchte man nun die umliegenden Dörfer auf. Bei dem ersten und dann bei dem zweiten Ort angekommen, verneinte der Dreijährige die Frage, ob er dort gelebt habe. Doch beim dritten Dorf erkannte er es als das seine wieder. Er zeigte dem Untersuchungsteam, zu welchem auch seine Eltern und Professor Lasch gehörten, das Haus, in dem er als erwachsener Mann gewohnt hatte.

Dort angekommen, erkannte er seine vormaligen Familienangehörigen und nannte erfreut deren Namen. Inzwischen hatte sich eine ganze Gruppe von Neugierigen um die Reinkarnationsforscher versammelt. Plötzlich ging der Junge auf einen Mann zu und fragte ihn: »Bist du nicht ... (er nannte dessen Namen)?« Jener bestätigte es. Und der Kleine sagte weiterhin: »Du warst mein Nachbar. Wir hatten einen Streit. Du hast mich mit der Axt getötet.« Der Angesprochene wurde auf einmal, wie Eli mir berichtete, kreidebleich. Und zu dem Untersuchungskomitee gewandt sagte der Junge: »Ich kann euch zeigen, wo er meinen Körper begraben hat.« Man forderte jenen Mann auf mitzukommen.

An einem Feldrand in der Nähe des Dorfes angekommen, deutete der Junge auf einen Steinhaufen und sagte: »Unter diesen Steinen hat er mich begraben. Und die Axt dort drüben.« Man beseitigte nun die Steine und fand ein Skelett darunter, umgeben von Kleidungsfetzen. Auf dem Schädel oberhalb der Stirn war deutlich der längliche Spalt zu sehen. Nun starrten alle auf den Mann, den der Junge als seinen Mörder wiedererkannt hatte, und

er gestand, die Tat begangen zu haben. Dann ließen sie sich von dem Jungen genau die Stelle zeigen, wo sein Mörder die Axt bei einem Baum
verscharrt hatte. Auch diese wurde dort gefunden.

Es gibt noch andere solcher Fälle, bei denen Kinder die Mörder wiedererkennen, die sie im vorausgegangenen Leben ermordet hatten und die dann
den Mord gestanden.

Hatte Professor Stevenson in seinen ersten Büchern noch gesagt, dass die von ihm untersuchten
Fälle von Kindern, die sich an ihr früheres Leben
erinnerten, keinen schlüssigen Beweis für die Reinkarnation darstellten, so musste er jetzt, nachdem
so viele sich zurückerinnernde Kinder mit Geburts-
malen auf die Welt gekommen waren, sagen, dass
er keine andere Erklärung für derlei beweiskräftige
Fälle hatte als die Reinkarnation.

9

EINWIRKUNGEN FRÜHERER LEBEN IN DAS HEUTIGE

Wie wir schon gesehen haben, wirken sich karmisch belastete körperliche und seelische Ereignisse aus früheren Leben, die man meist als Opfer erlitt, noch auf das heutige Leben aus. Hatte ich mir in einem früheren Leben beispielsweise ein Bein gebrochen, mag ich im heutigen Leben dort noch immer Schmerzen verspüren. Genauso können in diesem Zusammenhang auch Schmerzen in den Gliedern, in den Muskeln oder in den Organen wie auch im Nervensystem auftreten.

Darm- und Magenstörungen bis hin zu heftigen Schmerzen können ihre Ursache aus früheren Leben weiterhin aufleben lassen. Migräne und heftige Kopfschmerzen gehen meist auf Kopfver-

letzungen aus früheren Leben zurück. Heuschnupfen hängt meist mit Ereignissen zusammen, welche
die betreffenden Personen im früheren Leben im
Heu oder auf der Wiese durch ein schlimmes Erlebnis oder sogar durch ein Todesereignis erfahren
mussten. Die damals mit dem Ereignis im Emo-
tionalkörper aufgespeicherten Vibrationen beziehungsweise Programmierungen werden bei einem
Spaziergang über eine Wiese wieder wach. – Angst
oder gar Panik vor Enge kann verstärkt worden
sein durch einen den Körper oft extrem einengen-
den Geburtsvorgang. Doch während die meisten
Kinder mit einer schweren Geburt im späteren
Leben keine Klaustrophobie oder Angst vor Enge
haben, sind andere davon betroffen, womit die all-
gemeine Erklärung, dass eben der Geburtsvorgang
den Körper sehr eingeengt hat und dadurch im
reiferen Leben diese Ängste auftreten, hinkt. Mit
Hilfe der Rückführungstherapie konnte man herausfinden, dass meistens ein Verschüttetwerden
durch Erdbeben, Lawinen oder Erdrutsche die
Ursache für das heutige Symptom »Angst vor
Enge« bildet. Phobien vor Spinnen, Hunden oder
Schlangen gehen meist darauf zurück, dass man

im früheren Leben durch eben solch ein Tier zu
Tode kam.

In meinem Buch »*Das große Karmahandbuch*«
habe ich viele Beispiele von Krankheitssymptomen
aufgezeigt, deren Ursachen in früheren Leben zu
finden sind. Diesen Opferleben gehen, wie wir
schon gesehen haben, die Täterleben voraus. Doch
nicht nur dass aus ihnen die Opferleben entstehen
und daraus wiederum die Nachwirkungen im heutigen Leben, sondern jene Leben als Täter können
im heutigen Leben vor allem Schuldgefühle,
Selbstbestrafungsmechanismen, Helfersyndrome
und Wiedergutmachungszwänge bewirken. Hat
jemand eine sehr üble Tat begangen, für die er vormals nicht zur Rechenschaft gezogen worden war,
so hat er sich die Bestrafung vor Eintritt in das
heutige Leben selbst ausgesucht. Zum Beispiel
kann er über sich verhängt haben, nie glücklich zu
sein, nie ein erfülltes Liebesleben zu haben, nie frei
von Krankheit zu sein und vielleicht auch noch
finanziellen Mangel zu erleiden, besonders wenn
er im Täterleben andere aus Habgier mittels Raub,
Mord oder Betrug um ihre Habe gebracht haben
sollte. Alles hat einen Grund. Natürlich kann auch

ein heutiges Leben noch ganz im Zeichen eines Opferlebens stehen, so dass man geschlagen oder vergewaltigt wird aufgrund ähnlicher ausgeübter Taten in einem oder sogar mehreren Täterleben.

10

RÜCKFÜHRUNGEN
OHNE THERAPIE

Viele Interessierte suchen einen Rückführungsleiter oder -therapeuten auf, um etwas über ihre früheren Leben zu erfahren. Sie sind neugierig und möchten wissen, ob sie zum Beispiel ihren Partner, ihre große Liebe oder einen der ihnen Nahestehenden aus vergangenen Zeiten kennen. Sie lassen sich daher in ein oder gar in mehrere Leben zurückführen, denn oft stellt sich heraus, dass wir mit Personen, mit denen uns ein starkes emotionales Band verbindet, schon eine ganze Reihe von früheren Leben verbracht hatten. Lässt sich der kleine Sohn von seiner Mutter wenig sagen und will alles besser wissen, dann kann es gut sein, dass er einmal der Vater oder dominierende Ehemann seiner jetzigen Mutter gewesen ist. Wir reisen in den Ferien zudem meist in Länder, die wir aus früheren Leben unbewusst in guter Erinnerung haben, während wir Länder meiden, in welchen wir in einer vergangenen Inkarnation Ungutes erlebt haben. In einer Rückführung können wir nun herausfinden, wann und wo wir dort lebten, wer wir waren und welche Erlebnisse wir in diesen Leben hatten. Wir mögen in jenem Ferienland auch als Souvenir eine Gegenstand kaufen, den wir in ähnlicher Form im früheren Leben besaßen und der uns viel bedeutet hat.

Wenn man keinen Rückführungstherapeuten findet, dann kann man auch eine CD erstehen, mit der man seine früheren Leben erkunden kann. Solche, von einem Rückführungsexperten besprochene CDs sollten jedoch nur die neutralen oder positiven Ereignisse ansprechen. Denn die negativen Begebenheiten müssen unbedingt mit einem Rückführungsleiter oder -therapeuten aufgesucht und von ihrer negativen Last befreit werden. Ich habe selbst einige CDs herausgegeben, mit denen man gefahrlos viele seiner früheren Leben erkunden kann (vgl. www.trutzhardo.de/Publikationen).

11

RÜCKFÜHRUNGSTHERAPIE

Einer meiner Lieblingsvorträge lautet: *Die Wunder der Rückführungstherapie.* Diese seit den fünfziger Jahren in den Vereinigten Staaten sich entwickelnde Therapie hat dort solch wundervolle Wirkungen erzielt, dass nun immer mehr Psychiater, Psychologen und Therapeuten auf diese zurückgreifen und Ärzte viele ihrer anscheinend unheilbaren Patienten zu ihnen schicken. Denn es hat sich auch bei vielen Medizinern bereits herumgesprochen, dass man einem unheilbaren, jedoch noch nicht dem Tode nahen Patienten einen Rückführungstherapeuten empfehlen sollte, um nachforschen zu lassen, ob dessen Symptome eventuell mit einem Geschehen aus früheren Leben zusammenhängen könnten. Hier in Deutschland scheinen die Mediziner vor dieser Art der Therapie noch die Augen zu verschließen, obwohl schon

Ärzte und Ärztinnen sowie mehrere Therapeuten sich von mir zum Rückführungstherapeuten ausbilden ließen. Doch das Interesse an dieser Therapie dürfte rasant steigen, denn es gilt der Satz: *Wer heilt, hat Recht.* Und man könnte diesen Spruch noch erweitern: *Was heilt, sollte man sich aneignen.* Oder: *Was bei anderen großartige Heilerfolge bewirkt, sollte man ebenfalls versuchen.*

Die Rückführungstherapie geht aufgrund langjähriger Erfahrung davon aus, dass die meisten somatischen, psychosomatischen und psychischen Disharmonien überhängende Restbestände aus früheren Leben sind. Versetzt man den Patienten oder Klienten in einen Alphazustand, der einer leichten Hypnose gleicht, und lässt man ihn in seinem Unterbewusstsein nachforschen, wo die Ursache seines Symptoms zu finden ist, so sieht er sich zumeist in eines seiner vielen früheren Leben zurückversetzt und erlebt ein Geschehen, das zweifellos mit seinem heutigen Krankheitszustand zusammenhängt und diesen unter Umständen sogar verursacht hat. Hat jemand beispielsweise Neurodermitis, so wird er wahrscheinlich ein früheres Leben wiedererleben, in welchem er verbrannt worden ist. Hat jemand im heutigen Leben Schluckbeschwerden oder lässt sich von niemandem am Hals anfassen oder trägt nicht gern Enges am Hals wie Ketten oder Rollkragenpullover, so wird er in den meisten Fällen in einem früheren Leben erhängt, erwürgt oder geköpft worden sein. Hat jemand im heutigen Leben Kopf-, Schulter-, Rücken-, Bauch-, Unterleibs- oder Beinbeschwerden, so liegen zumeist schwere oder gar tödliche Verletzungen an eben diesen Körperteilen vor, die er in früheren Leben zu erleiden hatte. Leidet jemand unter Heuschnupfen oder einer Allergie, so können die Ursachen dafür in vergangenen Leben meist sehr leicht und plausibel aufgedeckt werden. Auch die meisten Ängste, so deren Ursachen nicht eindeutig auf das heutige Leben verweisen, haben ihre Vorgeschichten in früheren Leben. Die Angst vor Höhe geht meist auf einen tödlichen Absturz zurück. Angst vor Dunkelheit wird ein Geschehnis offenlegen, bei welchem bei Dunkelheit etwas Schreckliches passiert ist wie Mord oder Vergewaltigung. Letzteres ist häufig auch der Grund für die Angst vor Sexualität oder für andere sexuelle Störungen.

Jedes Symptom, ob psychisch, somatisch oder psychosomatisch muss eine Ursache haben, sonst wäre es nicht vorhanden. Und eben diese Ursachen findet man meistens in früheren Leben. Diese Ursachen gilt es aufzufinden und von ihrer unheilvollen Energie beziehungsweise Programmierung, die bis ins heutige Leben wirkt, zu befreien. In meinen Büchern *Das große Handbuch der Reinkarnation - Heilung durch Rückführung*, *Das große Handbuch der Sexualität - Was Trancerückführungen offenbaren* und *Das große Karmahandbuch - Wiedergeburt und Heilung* habe ich sehr viele Beispiele aus meinen über tausend Rückführungstherapien beschrieben, in denen nicht nur die entsprechenden Ursachen aufgeführt, sondern auch die zumeist verblüffenden Resultate - wie vollkommene Heilungen! - aufgezeigt werden.

An dieser Stelle will ich exemplarisch für die Vielzahl der von mir durchgeführten Rückführungstherapien eine von ihnen beschreiben, die ich auch in meinem Buch *Das große Karmahandbuch* wiedergegeben habe.

Angst vor öffentlichen Auftritten

Veronika ist eine sechsunddreißigjährige Konzert-
pianistin, die sich ihr Brot jedoch als Klavierlehrerin verdienen muss, weil … nun ja, das ist ihr
Problem. Wenn sie vor einem öffentlichen Auftritt
zu Hause die Stücke einstudiert, kann sie alles per-
fekt spielen. Doch schon Wochen vor dem geplan-
ten Auftritt geht sie nervös in ihrem Zimmer auf
und ab, und wenn die Monate Mai bis Juni kommen, dann muss sie aufgrund einer Roggenpollen-
allergie zudem ständig niesen. Je näher der Termin
ihres Auftritts rückt, desto mehr steigert sich ihre
Nervosität und ihre Angst, zu versagen und sich
vor allen zu blamieren. In den Stunden vor einem
Auftritt ist sie nicht ansprechbar, und wenn sie es
schließlich geschafft hat, im Konzertsaal am Flügel
zu sitzen, so spielt oft auch die Angst mit, sich zu
verspielen. Dieser Umstand hat schon wiederholt
dazu geführt, dass sie sich selbst bei für sie leicht
zu spielenden Stücken wie Mozarts berühmter
Sonate KV 330 verspielte. Aus diesem Grund zieht
sie es jetzt vor, in der Öffentlichkeit nur Sänger bei
ihren Auftritten am Klavier zu begleiten. Diesen

fällt dann ebenfalls ihre Nervosität auf, die sich auch auf sie selbst übertragen kann. Man könnte sich jetzt fragen, warum sie dann nicht einfach ihren Beruf als Pianistin aufgibt und sich einen anderen sucht ... Doch sie fühlt einen inneren Zwang, öffentlich als Pianistin aufzutreten.

Im alten Rom war diese Frau einst ein bestechlicher Richter gewesen, der einen Angeklagten, von dem er gewusst hatte, dass er unschuldig war, durch geschickte Redeführung dermaßen in die Enge getrieben hatte, dass dieser verunsichert worden war und sich auch widersprochen hatte. Dieser Richter hatte zusätzlich falsche Aussagen gegen den Beschuldigten als wahrhaft anerkannt und selbst noch falsches Zeugnis gegen ihn abgelegt, um schließlich das Urteil über ihn fällen zu können: Hinrichtung. Später hatte ihn Reue überkommen, so dass er noch vor seinem eigenen Tod den Satz ausgesprochen hatte: »Ich will nie wieder falsches Zeugnis ablegen.«

Dem Karmagesetz »Was du anderen angetan hast, soll an dir selbst vollzogen werden« entsprechend, musste Veronikas Seele für jenes Leben als Richter

in einigen Leben Ähnliches an sich vollzogen
sehen. In zwei dieser Ausgleichsleben wurde sie in
der Rückführung von ihrem Höheren Selbst hi-
neingeführt. In dem einen war sie ein deutscher
Politiker des neunzehnten Jahrhunderts, der trotz
seines politischen Engagements und seiner anderen
Fähigkeiten bei seinen Reden – besonders wenn es
im Redestreit mit politischen Gegnern darum ging,
seine Position als die einzig richtige darzustellen –
ins Wanken geriet, sich widersprach, Tatsachen
durcheinanderbrachte und schließlich als der rhe-
torisch Besiegte dastand. Somit schadete er nicht
nur seinem eigenen Ansehen, sondern auch dem
seiner Partei, weshalb man ihn ersuchte, keine
Reden mehr zu halten, womit seine Karriere als Politiker ein Ende fand. In diesem Leben, wie wir
sehen können, musste dieser Politiker aus karmischen Gründen versagen, um einen Teil von dem
an sich selbst zu erfahren, was damals der von ihm
als Richter in die Enge getriebene Verurteilte erfahren hatte. Das Ausgleichen karmisch belastender
Gemeinheiten geht seine eigenen, verschlungenen
Wege. Sicherlich hatte Veronikas Seele in jenen vielen Jahrhunderten zwischen dem Richterleben in

Rom und dem als deutscher Politiker schon einiges andere ausgeglichen und war höchstwahrscheinlich schon einmal ungerechtfertigterweise zum Tode verurteilt worden. Dass das Höhere Selbst Veronika nun nicht in ein solches Leben führte, sondern in das jenes deutschen Politikers, liegt darin begründet, dass wir ja aufdecken wollten, warum sich Veronika als Pianistin bei öffentlichen Darbietungen verspielte.

In dem nächsten aufgedeckten Leben war sie eine deutsche, 1903 in Köln geborene Pianistin namens Isabella Polditz gewesen, die ebenfalls unsagbare Angst vor öffentlichen Auftritten gehabt hatte und sich dementsprechend auch mehrere Male durch Verspielen öffentlich blamiert hatte, weshalb sie die Bühne verlassen und sich als Klavierlehrerin nach Hamburg zurückgezogen hatte. – Und diese Angst vor öffentlichen Auftritten setzte sich nun in Veronikas jetzigem Leben fort. Die von dem römischen Richter in dem Angeklagten erzeugte Not und Verunsicherung musste die Seele dieses Richters beziehungsweise die Seele Veronikas nun in mindestens drei Leben nachempfinden, um zu verstehen, was es heißt, verunsichert zu sein und Angst davor zu haben, etwas vor anderen vortragen zu müssen. Das Karmagesetz hat also einen langen Arm, so dass wir im heutigen Leben noch Dinge auszugleichen beziehungsweise nachzuempfinden haben, die wir vor Jahrhunderten, wenn nicht Jahrtausenden, einmal an anderen in Lieblosigkeit verübt haben. Und all das, was uns im Leben an Widrigkeiten passiert – und seien es oft nur Kleinigkeiten – gehört mit höchster Wahrscheinlichkeit zu einem karmischen Ausgleichsgeschehen, das darauf zielt, unsere Seele durch eigene Erfahrungen dazulernen zu lassen. So sind in unser gegenwärtiges Leben unter Umständen tausende verschiedener Fäden aus früheren Existenzen hineingewoben, und viele dieser Fäden haben eine karmische Verbindung.

Ein Jahr später meldete sich Veronika zur nächsten Sitzung bei mir an, denn sie wollte nun endlich auch ihre leidige Pollenallergie loswerden. Als sie bei mir erschien, verkündete sie freudestrahlend, dass all ihre Angst vor dem Spielen in der Öffentlichkeit verflogen sei und dass die Sänger und Sängerinnen, die sie bei ihren öffentlichen Auftritten begleitete, verwundert fragten, was denn auf einmal mit ihr geschehen sei, da sie keine Unsicherheit und Nervosität mehr ausstrahle. Ja, so fügte sie triumphierend hinzu, sie habe ohne irgendwelche Ängste mit ihrem Klaviervortrag beim Landeswettbewerb Brandenburg und sogar beim Bundeswettbewerb in Köln (!) mit Bravour abgeschnitten.

Wie viele hunderte, wenn nicht tausende von Bühnenkünstlern, die unter Lampenfieber leiden, könnten mittels der Rückführungstherapie endlich von diesen misslichen Begleitumständen karmischer Verstrickungen erlöst werden, ohne beispielsweise zum Alkohol greifen zu müssen, um ihre Angst einigermaßen unter Kontrolle zu bekommen. Was könnte ihnen in einer Rückführungstherapie Schlimmeres passieren, als dass sie von ihrem Lampenfieber endlich geheilt werden? Doch wenn sie aus karmischen Gründen weiterhin unter dieser Angst leiden müssen, dann wird auch die Rückführungstherapie machtlos sein. Doch man sollte es auf jeden Fall auf einen Versuch ankommen lassen.

12

HÄUFIGE FRAGEN

➤ *Können Rückerinnerungen an frühere Leben genetisch bedingt sein?*

Von verschiedener Seite (z. B. Prof. Claus Bick) wurde behauptet, dass Rückerinnerungen an frühere Leben auf Familiengenetik zurückzuführen seien. Das heißt, dass einer der Urgroßeltern beziehungsweise einer der Vorfahren mit dem Erbgut auch seine Erlebnisse weitergegeben hat. Demnach müssten die vergangenen Leben solcher Menschen, die sich an frühere Leben erinnern, in der zurückliegenden Ahnenkette zu finden sein.

Tatsächlich erleben viele in Rückführungen jedoch, dass sie vormals schon als Kind oder Heranwachsender verstorben waren, ohne Nachwuchs gezeugt zu haben. Sie können also ihre erlebten Gescheh-

nisse nicht an eine kommende Generation weitergegeben haben. Und trotzdem kommt es vor, dass
sich jemand als sein eigener Großvater erlebt, welcher vor seiner Geburt verstorben ist. Denn es ist
eine Tatsache, dass wir bei der Vorbereitung eines
erneuten Erdenlebens gerne wieder in die vorherige
Familie hineingeboren werden wollen, da wir deren
Mitglieder schon kennen. Vielleicht haben wir
auch unsere Enkeltochter sehr geliebt und wollen
ihr deshalb wieder als Kind und Heranwachsender
nahe sein. Bei Urvölkern gab man den Kindern
häufig wieder die Namen der verstorbenen Groß-
oder Urgroßeltern, da man wusste oder glaubte,
dass sie wieder als Kind zu ihnen zurückgekehrt
waren. Und bei vielen afrikanischen Stämmen, wie
auch bei verschiedenen Indianerstämmen, schaut
man nach der Geburt nach, ob am Körper des Kindes Einkerbungen, die man ihnen unmittelbar
nach dem Tod noch eingeritzt hatte, oder Narben
von vormaligen Verwundungen zu sehen sind, um
sie dann daran wiederzuerkennen. Bei den Igbos in
Nigeria ist es dagegen üblich, dass eine Schwangere
zu einem Medizinmann oder einer Medizinfrau
geht, um herauszufinden, wer aus der verstorbenen

Verwandtschaft sich für eine Wiedergeburt bei ihr niedergelassen hat.

In diesem Zusammenhang sind Familienkrankheiten interessant. Der wiedergeborene Groß- oder Urgroßvater kann so dieselben Symptome mitbringen, die er schon im früheren Leben gehabt hat. Diese sind also nicht durch genetische Übertragung aufgetreten, sondern es sind seine eigenen mitgebrachten Symptome, die noch nicht aufgelöst waren.

➤ *Wo halten wir uns in der Zeit zwischen*
  zwei Inkarnationen auf?

Wenn man Menschen in ihre früheren Leben zurückführt und sie die Ereignisse nach dem Tod wiedererleben lässt, so werden nach meiner Schätzung etwa achtzig Prozent direkt von ihren verstorbenen Angehörigen abgeholt und in das Zwischenleben gebracht, wo meistens zuerst eine wunderschöne Wiese aufgesucht wird, um sich zu orientieren beziehungsweise sich zu »akklimatisieren«.

Etwa zwanzig Prozent bleiben vorerst als Geistseele erdgebunden. Sie können herumschweben und, was sie oft unternehmen, zu ihren Familienangehörigen zurückkehren und bei ihnen als unsichtbarer Mitbewohner leben. Denn sie wollen sie wegen ihres Dahinscheidens trösten oder ihnen oft weiterhin beistehen. Vor allem Mütter, die durch den Tod ihre Kinder zurücklassen, bleiben oft bei ihnen und gehen nicht sofort ins Jenseits. Viele dieser Verstorbenen irren auch herum und denken, dass sie träumten. Doch irgendwann wird jeder ins Zwischenleben zurückkehren, auch wenn es hunderte von Jahren dauern sollte, wobei das äußerst selten vorkommt. Einige Erdgebundene suchen Schutz, indem sie in die Körper von ihnen vertrauten Menschen schlüpfen. Meistens sind sie sehr wohlwollend, aber sie saugen dennoch die Kräfte ihres Gastgebers ab, der sich oft schwach fühlt oder von Stimmen irritiert wird, da er nicht weiß, dass jene Besetzer mittels Gedankenkraft zu ihm sprechen. Hier hilf ein Clearing bei einem Clearingleiter, der solche Besetzer ins Licht begleiten kann, so dass der Besetzte endlich befreit ist.

Die meisten Verstorbenen erleben sich sehr bald in der jenseitigen Welt, die etwa zehnmal so schön ist wie die prächtigsten Gegenden auf Erden. Dort treffen wir unsere verstorbenen Familienmitglieder und Freunde wieder. Wir gehören zu einer jenseitigen Familie, die einen als Rückkehrer von einer Erdenreise freudig begrüßt. Dies ist unsere eigentliche Familie, in die wir immer wieder zurückkehren, denn jedes Erdenleben ist im Grunde nur wie ein Ausflug. – Wir Menschen dürfen die jenseitige Welt anscheinend jedes Mal wieder so erleben, als ob wir zum ersten Mal dort hingelangen, obwohl wir schon viele Male heimgekehrt sind. Wer mehr über das Jenseits und dessen Beschaffenheit erfahren möchte, dem empfehle ich das Buch von Anthony Borgia (*Das Leben in der unsichtbaren Welt*) und das von Michael Newton (*Die Reisen der Seele).*

In der jenseitigen Welt erholen wir uns erst einmal. Hier können wir zum Beispiel nachholen, was wir uns auf Erden immer gewünscht hatten, aber nie realisieren konnten. Wir werden demnach die Möglichkeit haben, so wir wollen, ein Instrument zu erlernen. Wir können uns aber auch als Wissenschaftler einem Team anschließen, das Erfindungen vorbereitet, die dann jemandem auf Erden intuitiv eingegeben werden; Einstein beispielsweise

sagte, dass ihm die Formel $E=mc^2$ im Traum eingegeben wurde. Wir können im Jenseits genauso in
Bibliotheken über die Geschichte der Menschheit
nachlesen und die wirklichen Ereignisse erfahren.
Auch werden wir uns mit einem geistigen Lehrer
oder unserem Geistführer über unser vergangenes
Leben unterhalten. Er wird uns auf Verhaltensweisen hinweisen und uns auf Entscheidungen auf-
merksam machen, bei welchen wir eine bessere
Lösung hätten finden können. Und wir nehmen
uns vor, beim nächsten Ausflug in ein Erdenleben
alles besser zu machen.

Doch auch im Jenseits, wo wir vielleicht ein eigenes Häuschen bewohnen mit einem herrlichen
Garten, werden wir uns betätigen, denn es gibt viel
zu tun. Irgendwann allerdings kommt der Wunsch
in uns auf, wieder auf der Erde zu inkarnieren, um
neue Erfahrungen zu sammeln und weiter zu lernen. Dazu suchen wir uns die Mutter meist selbst
aus, oder wir lassen sie uns zuteilen, da wir immer
genau die Eltern haben werden, die uns exakt die
Voraussetzungen für das bieten, was wir dann als
Erwachsener erreichen wollen. Wir suchen uns
auch die Partner für das nächste Erdenleben aus,

indem wir uns meist mit jemandem aus unserer jenseitigen Familie verabreden. Mit Hilfe von Beratern erstellen wir dann unseren Plan für das bevorstehende Leben. Wir wissen genau, was wir dort lernen wollen und welche Erfahrungen unsere Seele benötigt, um weiterhin zu wachsen. Wir wissen, welchen Beruf wir wohl erwählen werden, aber wir wissen auch, welche Schicksalsschläge uns aus wichtigen, weil notwendigen Gründen ereilen werden. Auch die Lebensspanne wird schon festgesetzt, wobei diese unter gewissen Umständen dann späterhin verlängert werden kann, denn auch solche Eventualitäten sind bereits eingeplant.

Wie lange wir im Zwischenleben bleiben, bevor wir wieder inkarnieren, hängt von unserer Entscheidung ab, denn der freie Wille wird meist respektiert. Als Faustregel gilt: Wer sehr früh verstirbt – zum Beispiel als Kind –, wird meist sehr schnell wieder inkarnieren, so dass eine Mutter, die um den Tod des Kindes trauert, dieses möglicherweise wieder als Kind oder Enkelkind in den Arm nehmen kann.

> *Wie viele Male inkarnieren wir?*

Die gesamte Anzahl der wiederholten Erdenleben ist ganz unterschiedlich, denn diese hängt zumeist von unserer Entscheidung ab. Natürlich, solange man etwas auf der Erde lernen will oder etwas karmisch auszugleichen oder wiedergutzumachen hat, entscheidet man sich für erneute Ausflüge in ein Erdenleben. Es gibt auch bestimmte Vorbereitungsleben für ein angestrebtes Ziel, denn kaum jemand wird gleich als Genie geboren, ohne entsprechende Vorbereitungen in früheren Leben durchlebt zu haben. Will jemand zum Beispiel ein Komponist werden, muss er sich dafür vorbereiten. Der Dirigent *Herbert von Karajan* antwortete auf die Frage, warum er nicht, wie andere Dirigenten, ebenfalls komponiere, dass sein jetziges Leben eine Vorbereitung auf sein nächstes sei, wo er dann Komponist sein werde.

Im Allgemeinen besteht unser Ziel darin, von der Lieblosigkeit in unserer zu durchlaufenden Kette von Inkarnationen zur vollkommenen Liebe zu gelangen. Dazu benötigen wir viele Erdenleben. Allerdings gibt es Schnelllerner und Langsamlerner. Erstere können dieses Ziel der Liebewerdung in, sagen wir, fünfzig Inkarnationen schaffen, Letztere benötigen eventuell tausend oder mehr Leben dafür. Es ist - wenn man einen Vergleich heranziehen will - wie in der Schule: Habe ich mein Klassenziel am Ende eines Schuljahres in der Reinkarnationsschule erreicht, komme ich eine Stufe weiter; im anderen Fall muss ich eine bestimmte Klasse wiederholen. Aber niemand wird in eine Klasse zurückversetzt. Wir können jedes Erdenleben auch mit einem einzigen Schultag vergleichen. Verlässt man den Klassenraum - sprich Tod -, so hängen wir unsere Schulkleidung, in welcher sich alle noch nicht bewältigten Programme mit den gespeicherten Vibrationen befinden, an den Haken und gehen nach Hause, also in die jenseitige Welt, die unsere eigentliche Heimat ist. Dort werden wir uns erst einmal von den Erdstrapazen erholen. Schließlich werden die Schularbeiten gemacht, indem wir mit unseren jenseitigen Lehrern das Pensum des Schultages durchgehen und uns dann auf den nächsten Schultag in der Erdenschule vorbereiten.

Hat jedoch jemand das »Abitur« bestanden, indem er all das, was auf der Erdenschule für ihn zu lernen war, erfolgreich absolviert hat, und ist er in seinem Denken und Handeln ganz Liebe geworden, dann ist keine weitere Inkarnation mehr für ihn vorgesehen. Doch wir können uns freiwillig wieder inkarnieren, um der Menschheit zu helfen, sie zu lehren oder um bestimmten Aufgaben nachzugehen.

> *Wo inkarnieren wir?*

Welches Land suchen wir uns für eine erneute Inkarnation aus? Das hängt ganz von den Zuordnungen oder von unserer freien Entscheidung ab. Meist verabreden wir uns mit Seelen, die zu unserer jenseitigen Familie gehören, denn wir wollen meist am liebsten wieder mit ihnen zusammen sein, wobei oft die Rollen vertauscht werden. Ein Ehemann aus einem früheren Leben mag nun mein Sohn werden, eine Oma meine Tochter, oder ein ehemaliger Freund ist in diesem Leben meine Mutter oder mein Gatte oder sogar mein Chef. Doch immer steht der Inhalt des Lernprogramms im Vordergrund. Wenn dieser mit den Seelen aus meiner jenseitigen Familie erfüllt werden kann, dann werde ich mit diesen wieder zusammenkommen. Doch vielleicht werde ich mich auch für etwas anderes in einem nahen oder entfernten Land entscheiden, um ganz Neues zu erlernen.

Es hat sich bei den Tausenden von Zurückgeführten, die in meine Gruppen- oder Einzelrückführungen kamen, herausgestellt, dass sie in früheren Inkarnationen nicht nur in europäischen Ländern, sondern auch in weit entfernten Ländern mit ihren verschiedenen Kulturen und Religionen gelebt haben. Darum ist es töricht, bestimmte Länder, Kulturen, Rassen und Religionen abzulehnen, waren wir doch außer europäische Christen vielleicht selbst einmal Mohammedaner, Juden, Hindus, Buddhisten, Afrikaner, Chinesen oder Indianer. »Alte« Seelen, die schon durch sehr viele Erdenleben gegangen sind, mögen schon in der Steinzeit gelebt haben.

Wir meiden bei der Planung eines bevorstehenden Lebens, wie schon erwähnt, gerne jene Länder, in

welchen wir schlimme Erfahrungen, wie zum Beispiel Mord, Vergewaltigung oder Unterdrückung,
erlebt oder schwere Schuld auf unsere Seele gela-
den haben, es sei denn, dass wir gerade dort etwas
wiedergutzumachen haben.

> *Haben wir einen freien Willen?*

Dem individuellen freien Willen wird meist statt-
gegeben. Nur wo eine junge Seele noch »unmün-
dig« ist aufgrund von zu wenigen Erdenleben, wird
verfügt oder auch empfohlen. Die jenseitigen Be-
rater wollen für jede Seele nur das Beste, damit sie
allmählich wächst und zu eigenen richtigen Entscheidungen gelangt, das heißt: ganz Liebe wird.

Der erste große Philosoph Europas was der Grie-
che *Pythagoras*. Dieser meinte, dass für jene, die
noch wenige Erderfahrungen hinter sich haben,
der Plan für das nächste Erdenleben bestimmt
wird. Jene, die schon mehrere Erddurchläufe absolviert haben, dürfen ihre Wünsche bei der Planung einbringen. Doch jene, die schon durch viele
Erdenleben hindurch zu höherem Wissen gelangt

sind, bestimmen ihr nächstes Leben nebst allen Inhalten selbst.

In diesem Zusammenhang möchte ich ein Gleichnis aus meinem Buch *Das große Karmahandbuch* anfügen: Es ist von Beratern oder von uns selbst gutgeheißen oder festgesetzt worden, wann der Lebenszug für uns hält, in welchem Waggon, in welchem Abteil und auf welchem Platz wir zu sitzen kommen, ob wir am Gang sitzen, wo der Durchzug uns unangenehm sein mag, ob wir in der Mitte unseren Platz haben werden, wo wir von beiden Seiten eingepfercht sein könnten, oder ob unsere Platzkarte einen Fenstersitz aufweist, von wo aus wir den herrlichen Ausblick genießen können. Was jedoch nicht festgesetzt wurde, ist, wie wir uns dort verhalten. Öffnen wir das Fenster, und scheren wir uns nicht darum, ob andere es lieber geschlossen halten wollen? Zünden wir uns eine Zigarre an, obwohl andere protestieren? Lutschen wir unsere Bonbons und geben den Kindern nichts ab, obwohl wir sehen, dass ihnen das Wasser im Mund zusammenläuft? Oder beobachten wir, wie ein altes Mütterchen nur mit Mühe den schweren Koffer aus dem Gepäcknetz herunterholt, weil wir abwarten wollen, ob er ihr auf den Kopf fällt? Unser Verhalten im Lebenszug bestimmt unser nächstes Erdenleben. Für Seelen, die schon weiter oder auch sehr weit in ihren Erfahrungen gereift sind, gilt: Allem, was uns im Leben an guten oder schlimmen Erfahrungen begegnet, haben wir aus freiem Willen zugestimmt, oder wir haben alles selbst so für uns ausgewählt. Man kann also niemandem und auch keiner Situation die Schuld an einem unliebsamen Vorkommnis geben, denn wir selbst sind die Autoren unseres Lebensdramas oder unserer Lebenskomödie – und auch die Akteure.

> *Sind Leute, die glauben, früher Berühmtheiten gewesen zu sein, ernst zu nehmen?*

Nur sehr selten kommt es vor, dass sich jemand bei einer geführten Rückführung als eine bekannte Person aus der Geschichte wahrnimmt. Doch viel häufiger passiert es, dass sich jemand mit einer in einer Rückschau oder beim Betrachten eines Films wahrgenommenen historischen Persönlichkeit identifiziert. Auch suchen einige dieser Leute so genannte Hellsichtige auf, die dann das Geschaute verifizieren oder noch auf andere Persönlichkeiten der Geschichte hinweisen, die sie zusätzlich noch gewesen sein sollen.

All diese Aussagen und Durchgaben müssen mit äußerster Vorsicht behandelt werden. Denn die Behauptung einer Frau, sie sei Kleopatra gewesen, stößt nicht nur auf Skepsis, sondern gibt sie auch der Lächerlichkeit preis. Hierdurch gerät zudem das Thema Reinkarnation in Misskredit. Falls also eine Person zu mir kommt, die behauptet, im früheren Leben Kleopatra gewesen zu sein, führe ich sie im Trancezustand in jene Zeit zurück. Vielleicht war sie am Hofe dieser ägyptischen Königin einst eine Bedienstete, die Kleopatras Nachtopf leeren musste ... Rückführungen decken unsinnige Annahmen, einst eine berühmte Person gewesen zu sein, oft schonungslos auf.

➤ *Können wir auch als Tier wiedergeboren werden?*

Es gibt verschiedene Reinkarnationsvorstellungen, beispielsweise bei den Ägyptern und auch bei den alten Griechen, die besagen, dass die Seele nach dem Verlassen ihres Menschenkörpers in dem Körper eines Tieres wiedergeboren werden kann. So glauben viele Inder, dass ein verstorbener Bösewicht in dem Körper eines Hundes oder eines anderen Tieres reinkarniert. Dies ist einer der Gründe, warum sie kein Fleisch essen.

In den Rückführungen zeigt sich oft, dass wir vor dem ersten Erdenleben mit unserer Seele in einem Tier inkarniert waren, meist in Haustieren, damit sich die Seele durch die Nähe zum Menschen auf ihre nächste Inkarnation in einen Menschenkörper vorbereiten konnte. Genauso kann es sein, dass ein Teil unserer Seele sich einer Tierseele als Leihgabe zugesellt, um bestimmte Dinge zu lernen. Doch das Rückgleiten einer Menschenseele in eine Tierseele gibt es meines Wissens nicht.

➤ *Warum erinnern sich nur wenige Menschen
   an frühere Leben?*

Jedes Leben sollte intensiv gelebt werden. Wenn
man zu viele spontane Rückerinnerungen hätte,
könnte das jetzige Leben in seiner Wirkung eingeschränkt sein. Wenn ich bei jeder Person, der ich
begegne, wüsste, woher ich sie aus früheren Leben
kenne, und wenn ich auch die miteinander erlebten Situationen gleichzeitig wiedererleben würde,
könnte ich verwirrt werden und meine Aufgaben,
die ich mir für dieses Leben vorgenommen habe,
vielleicht nicht vollständig erfüllen. Und wenn ich
wüsste, dass ich in einem früheren Leben ein Mörder oder gar ein »Mitvergaser« war, dann würde
ich vor Schuldgefühlen vielleicht Hand an mein
Leben legen. Unbewusst bleiben solche Ahnungen
natürlich oft bestehen – samt den dazugehörigen
Verhaltensweisen. Aber sie bleiben eben ein Geheimnis.

Wir wissen von Kindern, die sich an frühere
Leben erinnern, dass sie manchmal nicht ausei-
nanderhalten können, was heute und »gestern« –

sprich vorausgegangenes Leben – war. Sie mögen in der heutigen Mutter ihre frühere Freundin oder ihren Liebhaber sehen oder gar den früheren Vergewaltiger oder die damalige böse Stiefmutter. Das kann zu eigenartigen Verhaltensweisen führen und, besonders bei den letzten Beispielen, zu einer grundsätzlichen Ablehnung der Mutter. Kinder mögen dann sagen: »Du hast mich geschlagen. Ich mag dich nicht.«

Durch Forschungen in Indien, wie ich bereits erwähnt habe, wissen wir, dass sich nur jedes vierhundertfünfzehnte Kind an frühere Leben erinnert. Warum nur so wenige? Alles ist von höherer Stelle so geplant. Dennoch wird so der Glaube an die Reinkarnation gestärkt. Ebenso vermag – sagen wir – nur jedes tausendste Kind Feenwesen zu sehen. Denn wenn Kinder darüber sprechen oder sich mit solchen für sie »sichtbaren Unsichtbaren« unterhalten, stirbt der Glaube an Feen nicht aus und Kinderbuchautoren verfassen Feenmärchen.

Daher stellt sich die Frage: Sollten wir dann überhaupt noch durch Rückführungen herausfinden, wer wir in früheren Leben wann und wo waren und was wir erlebt haben? – Jeder Mensch wird in der Kette seiner vielen Leben an einem bestimmten Punkt regelrecht dazu gedrängt, Nachforschungen über seine früheren Leben anzustellen. Nicht umsonst fällt jemandem dann ein Buch wie dieses über Reinkarnation in die Hände, welches das Bedürfnis weckt, mehr über seine früheren Inkarnationen zu erfahren. Das Wiedererlebte wird dann zu erlebtem Wissen, das aber das heutige Leben nicht durcheinanderbringt. Man kann vielmehr herausfinden, warum man eine Vorliebe für eine bestimmte Person, ein Land oder eine Religion hat oder warum man ein körperliches oder seelisch belastendes Symptom mit sich herumträgt, von welchem man sich durch Erkenntnisse in Rückführungen möglicherweise zu lösen vermag.

Vielleicht ist es von »oben« so vorgesehen, dass die persönlichen Inkarnationen so lange ein Geheimnis für den Betreffenden bleiben sollen, bis er durch seine spirituelle Entwicklung den inneren Aufruf bekommt, seine früheren Leben aufzuspüren.

> *Warum sind jetzt über sechs Milliarden*
> *Menschen inkarniert? Wo waren sie vorher?*

Diese Frage wird in meinen Seminaren häufig ge-
stellt. Denn vor tausend oder gar zehntausend Jahren gab es sehr viel weniger Menschen auf dem
Erdenrund. Wie kommt es also, dass diese schon
alle in früheren Inkarnationen gelebt haben sollen?
Hierzu gibt es vier Antworten.

1. Die früheren Zwischenleben dehnten sich länger
   aus. Heute beträgt das durchschnittliche Inter-
   vall zwischen zwei Inkarnationen schätzungs-
   weise zwanzig Jahre. Vor tausenden von Jahren
   mag es über hundert oder gar tausend Jahre be-
   tragen haben.

2. Es kommen immer wieder neue Seelen auf die
   Erde, die vormals noch nie als Mensch inkarniert waren, da deren Seelen sich in Tierkörpern
   befunden hatten.

3. Auch mag es möglich sein, dass eine allmähliche Umsiedlung von anderen Planeten stattfin-
   det, auf denen die Überlebensmöglichkeiten
   immer mehr eingeschränkt sind, so dass sich

viele Seelen für einen anderen Schulungsplaneten entscheiden.

4. Durch die Völkervermehrung auf der Erde entstehen Notsituationen für einen Großteil der Menschen, die dem Hungertod oder anderen Entbehrungen begegnen. Jene, die in wohlhabenderen Ländern leben, sollen sich somit aufgefordert fühlen, aus Nächstenliebe von ihrem Wohlstand abzugeben. Die Überbevölkerung ist eine Gelegenheit, in der Schule der Liebe wirkliche Nächstenliebe zu üben. »Liebe deinen Nächsten wie dich selbst«, so hat der große Lebenslehrer Jesus gesprochen. Wer in einem Bedürftigen sich selbst sieht, weiß, wie er zu handeln hat. Und wenn jemand in einem früheren Leben selbst ein Bedürftiger gewesen ist, wird er eher bereit sein, die Not bei anderen zu lindern.

> *Wann tritt unsere Seele in den*
>   *Erdenkörper ein?*

Führt man eine Person in den Rückführungen zurück in den Mutterleib und lässt sie beschreiben,
was für sie das schönste oder das schlimmste Erlebnis als Fötus gewesen ist, so kann man viel darüber
erfahren, worüber die Pränatalwissenschaft nur Ver-
mutungen anstellen kann. Denn die in einen Fötus
eingetauchte Seele verfügt über ein holistisches Bewusstsein und ist daher in der Lage, eher telepa-
thisch als körperlich zu hören und auch zu
verstehen, was eine Mutter oder der Vater von ihr
denkt. Ist der Vater verärgert, dass gemäß einer So-
naruntersuchung festgestellt wird, dass das Kind ein
Mädchen wird, so mag sich dieses, um dem Vater
zu gefallen, ihm gegenüber später wie ein Junge verhalten. Und wenn man den Zurückgeführten, der
sich als Seele in den Fötus hineinversetzt sieht,
fragt, mit wie viel Wochen oder Monaten er in den
heranwachsenden Leib gekommen ist, dann kann
er oft genau sagen, wann es war.

Im Durchschnitt tritt eine Seele zwischen dem
dritten und vierten Monat in den vorbereiteten

Körper ein. Aber es gibt Ausnahmen: Eine Seele kann schon bei der Konzeption dabei sein und ab diesem Zeitpunkt schon bei oder in der Mutter verweilen. Und es gibt seltene Fälle, bei welchen eine Seele erst in ihren Körper eintritt, wenn dieser aus dem Mutterleib herauskommt, denn sie hat sich als Voraussetzung für ein Wiedergeborenwerden ausbedungen, nur dann zu reinkarnieren, wenn sie die Enge der Geburtspassage nicht mehr erleben muss.

> *Können Rückführungen Hilfestellung*
> *geben für das jetzige Leben?*

Rückführungen in das heutige oder in vergangene Leben können eine große Hilfe sein. Zu diesem Thema wird von mir demnächst ein Buch erscheinen mit dem Titel *Rückführungen als Lebenshilfe*. Wenn wir zum Beispiel finanzielle Schwierigkeiten haben, kann das darauf zurückzuführen sein, dass wir uns am Ende eines vergangenen Lebens, in welchem wir durch Macht- und Geldgier viel Schaden angerichtet hatten, programmierten: »Ich will nie wieder reich sein.« Derlei Programmierungen gilt es in der Rückführungstherapie aufzulösen. Wir können durch Rückführungen zudem herausfinden, was die Gründe für eine Disharmonie körperlicher, seelischer oder geistiger Art in einem früheren Leben waren, um diese dann umzuprogrammieren durch positive Programmierungen, die oft nach einer einzigen Therapiesitzung so intensiv wirken, dass zum Beispiel Asthma, Regelschmerzen, Migräne oder chronische Beschwerden wie auch Allergien, Phobien und massive Ängste aller Art auf einmal nicht mehr in Erscheinung treten.

Hat eine Mutter zum Beispiel ein verhaltensgestörtes Kind oder eines, das am Downsyndrom leidet, so kann sie in einer Rückführung erfahren, warum sie sich vor ihrer eigenen Geburt gerade dieses Kind ausgesucht hat. Vielleicht wollte sie die im früheren Leben an dieser Seele begangene Lieblosigkeit durch innige Mutterliebe wieder ausgleichen. Hilflose Kinder und Menschen, egal ob mit Behinderungen körperlicher oder geistiger Art, stehen den betreffenden Eltern und Betreuern zu Verfügung, damit diese Liebe leben können.

Wir können in Rückführungen auch herausfinden, warum wir uns die jetzigen Eltern, den jetzigen Partner oder unser Kind ausgesucht haben. Wenn wir die Zusammenhänge verstehen, können wir leichter mit den betreffenden Personen umgehen. Denn wenn wir all das in früheren und im jetzigen Leben erlebt hätten, wodurch eine andere Person so geworden ist, wie sie ist, dann würden wir ihr in unserem Charakter, Verhalten und Denken gleichen.

> *Kann jeder Rückführungen erleben?*

Im Prinzip kann jeder seine früheren Inkarnationen durch Rückführungen erleben – bis auf jene, die keine Ichwahrnehmung haben oder zerebral gestört sind. Jedoch haben es Kopflastige schwer, sich in den Alphazustand zu begeben, um die Speicherungen ihrer früheren Leben in die heutige Vorstellung zurückzuholen. Sie müssen meist längere Zeit üben, so sie willens sind, sich solchen Prozessen zu unterziehen. Ich schätze aber, dass achtzig Prozent aller Probanden sich schon bei einer ersten Rückführung mental in ihre früheren

Leben hineinversetzen können. Die Plastizität und Intensität des Erlebten hängt jedoch von der Tiefenstufe ab, die sie erreichen.

Der Alphazustand, der sich zwischen dem Wach- und dem Schlafzustand befindet, wird in sechs Tiefenstufen unterteilt. Gelangt man nur in die erste Stufe, so wird man nur schemen- oder facettenhaft Bilder oder Eindrücke erleben. Doch mit jeder weiteren Tiefenstufe vermehrt sich das Erlebte, so dass man in der sechsten Alphatiefe das Erfahrene fast so wahrnimmt, als ob es jetzt geschieht. Man fühlt, schmeckt, hört, sieht und riecht die Dinge aus früheren Leben, als ob sie gerade im Augenblick Wirklichkeit wären. Man weiß meist auch sofort seinen damaligen Namen, sein Geburtsjahr oder Jahrhundert, den Wohnort und das Land und kann nun in Sequenzen sein ganzes Leben wiedererleben.

Von etwa hundert Probanden, die zum ersten Mal solch eine Rückführung erleben, werden selbst in Gruppenrückführungen schon zirka zwanzig Prozent die sechste Tiefenstufe erreichen. Andere benötigen mehrere Anläufe, um ebenfalls in diese Tiefenstufe zu gelangen. Wenn man solch eine Person nach dem Wiedererleben einer früheren Inkarnation fragt, ob sie davon überzeugt sei, dass das Erlebte damals auch wirklich von ihrer Seele in jenem anderen Körper zu einer anderen Zeit erlebt worden ist, so wird für sie daran kein Zweifel bestehen. Jeder, der die fünfte oder sechste Tiefenstufe erreicht, wird von der Wahrhaftigkeit der Reinkarnation für immer überzeugt sein.

Das Wiederaufdecken seiner früheren Leben ist für jeden nicht nur ein aufregendes Erlebnis, sondern es erweitert das Bewusstsein und stärkt auch die Überzeugung, dass es für die Seele keinen Tod gibt und dass das Ich durch viele Menschenexistenzen geht, bis es seine Reinkarnationskette beendet hat.

➤ *Worauf muss man bei der Suche nach einem Rückführungsleiter oder -therapeuten achten?*

Eine Rückführung kann nur mit einem Rückführungsexperten gelingen, wenn man ihm vertraut und davon überzeugt ist, dass er ein Fachmann ist, der fundiert ausgebildet wurde. Deshalb sollte man sich durch einen Anruf oder eine E-Mail bei ihm erkundigen, bei wem er sich ausbilden ließ, beziehungsweise, wie er zu diesen Fähigkeiten, Rückführungen zu leiten, gekommen ist. Denn leider gibt es auch weniger ausgebildete oder gar nicht ausgebildete Rückführungspraktiker, die laienhaft mit dieser Methode arbeiten. Ein erfolgreicher Rückführungsleiter oder -therapeut wird kaum Schwierigkeiten haben, Klienten zu finden, die sich bei ihm für Rückführungen oder Rückführungstherapien anmelden, denn gute Arbeit spricht sich herum. Ideal ist es also, wenn man sich jemanden empfehlen lassen kann. Einige Klientinnen suchen lieber eine Rückführungsleiterin oder -therapeutin auf als einen Mann, da man sich gerade bei frauenspezifischen Problemen von einer Frau eher verstanden fühlt und offener über alles sprechen kann.

Man sollte, bevor man sich für eine Rückführungstherapie entscheidet, nicht die medizinischen Hilfsangebote aus dem Auge lassen, denn auch die Medizin ist in vielen Belangen sehr, sehr nützlich. Doch kommen sehr oft jene Klienten zur Rückführungstherapie, die nach langem medizinischen

Bemühen keine Besserung erfahren haben und nun diese alternative Therapie versuchen – oft mit erstaunlichem Erfolg.

Auf meiner Webseite *www.trutzhardo.de/links* finden Sie eine Liste der von mir ausgebildeten Rückführungsleiter und -therapeuten.

13

WAS VERÄNDERT SICH BEI EINER PERSON, WELCHE DIE REINKARNATION VOLLSTÄNDIG AKZEPTIERT?

1. Ich habe keine Angst mehr vor dem Tod. Da ich weiß, dass ich wahrscheinlich schon früher gelebt habe, werde ich aller Wahrscheinlichkeit nach auch nach einem Zwischenleben auf einer feinstofflichen Ebene erneut auf Erden inkarnieren.

2. Wenn jemand stirbt, der mir nahesteht, so ist es natürlich, traurig zu sein. Aber meine Trauer wird sich um vieles verringern, da ich weiß,

   a) dass er nicht gestorben ist, sondern auf einer anderen Ebene weiterlebt,

   b) dass er sicherlich oft – wenn auch unsichtbar – bei mir ist,

c) dass es sein von höherer Seite für richtig befundenes Schicksal war, zur Zeit seines Todes abberufen zu werden,

d) dass ich diese Person nach meinem Tod im Zwischenleben (Jenseits) und/oder in einem nächsten Erdenleben wiedersehen werde und

e) dass es keinen Abschied für immer gibt.

3. Ich bin allen Menschen gegenüber tolerant, solange sie nicht mich oder andere in meiner oder ihrer Freiheit behindern. Ich toleriere jegliche Art von Religionsausübung und Meinungsäußerung, solange sie anderen dasselbe Recht zugestehen. Denn wir Menschen erweitern mit unserer Fortentwicklung von Leben zu Leben auch unser Bewusstsein. Ich bin nie überheblich und toleriere auch Andersdenkende, habe ich doch vielleicht in einem früheren Leben genauso gedacht. Ich dränge darum niemandem meine Überzeugung auf, benötigt doch jeder seine Zeit, um sein Bewusstsein dann zu erweitern, wenn die Zeit für ihn gekommen ist. Außerdem ist mir klar, dass

ich in meinen zukünftigen Leben sicherlich noch oft meine Überzeugungen wechseln bzw. erweitern werde.

4. Ich werde niemals andere Menschen diskriminieren, ganz egal, um wen es sich dabei handelt. Denn ich weiß,

a) dass ich niemanden vom anderen Geschlecht diskriminieren werde, gehörte ich doch mit aller Wahrscheinlichkeit schon selbst dem anderen Geschlecht an.

b) dass ich niemanden, der eine andere Hautfarbe oder Volkszugehörigkeit hat als ich oder einer anderen Rasse angehört, diffamieren werde, habe ich doch selbst schon zu jenen anderen gehören können, und ich könnte nochmals zu ihnen gehören. Auch ist mir bewusst, so ich jemanden aufgrund seines Glaubens o. Ä. diskriminiere, dass ich dann

c) selbst einmal zu diesem anderen Volk oder dieser Rasse gehören muss, damit ich mein Verständnis und meine Liebe für sie erweitern kann. Ebenso werde ich

d) niemals auf andere herabsehen, weil sie arm, behindert, unschön oder auf andere Art anders sind, denn ein jeder hat sich genau sein Umfeld, sein Aussehen und seine Veranlagungen ausgesucht, um damit, darin und daraus zu lernen.

5. Ich werde anderen gegenüber nie Neid empfinden, seien sie nun reicher, mächtiger, angesehener, klüger, gesünder oder äußerlich schöner. Denn diese haben sich für dieses Leben ihr Aufgabenfeld in der Schule des Lebens geschaffen, um mit den ihnen zur Verfügung stehenden Mitteln genau das zu lernen, was sie lernen können, um dadurch spirituell zu wachsen. Eventuell standen mir in einem früheren Leben ebenfalls solche Mittel zur Verfügung, oder sie werden mir in einem zukünftigen Leben noch zur Verfügung stehen. Wir müssen alle einmal alle Möglichkeiten durchlebt haben, um spirituell wachsen zu können.

6. Habe ich ein Kind, dann werde ich ihm die Chance einräumen, seine individuellen Anlagen,

so sie nicht zerstörerisch sind, zu fördern, und ihm nicht meinen Willen aufdrängen oder seinen Willen brechen. Denn ich weiß, dass es seine früheren Leben sicherlich schon innerlich geformt haben und dass es in diesem Leben sein Lernprogramm erfüllen möchte, das ein ganz anderes sein mag als das meine. Deshalb respektiere ich seine Persönlichkeit. Außerdem weiß ich, dass es in einem früheren Leben sicherlich schon einmal ein Erwachsener war, vielleicht sogar einer meiner verstorbenen Verwandten oder Freunde. Ich werde schon früh darauf achten, ob es irgendetwas über seine früheren Leben äußert. Ich werde ihm solche Äußerungen nicht mehr verbieten oder diese als Spinnereien abtun. Vielleicht war dieses Kind schon in früheren Leben mein Partner, meine Mutter, mein Vater, mein Freund oder meine Freundin. Und vielleicht werde ich im nächsten Leben als Tochter oder Sohn meines jetzigen Kindes wiedergeboren.

7. Ich weiß, dass ich mir meinen Partner nicht zufällig ausgesucht habe, dass ich ihn vielleicht

schon aus früheren Leben kenne und wir uns im Zwischenleben dafür entschlossen haben, auf Erden (wieder) zusammen von- und miteinander zu lernen. Denn jede Partnerschaft ist eine Lerngemeinschaft in der Schule des Lebens. Und die Chance zum Lernen will ich, solange sie besteht, nach besten Kräften nutzen.

8. Ich akzeptiere meine Eltern so, wie sie sind. Denn ich habe sie mir vor meiner Inkarnation selbst ausgesucht oder mit meinem Einverständnis aussuchen lassen. Sie geben mir genau die Voraussetzungen für mein Leben, die ich zur Bewältigung meiner Aufgaben benötige.

9. Ich erkenne die mir im Leben begegnenden Personen, Ereignisse und Schicksalsschläge als wichtige Hilfen an, damit ich durch sie oder aus ihnen das lerne, was ich zu lernen habe. Ich entwickle dabei auch keinen Neid auf andere, da sie eventuell mit ihren Lernmitteln etwas ganz anderes zu lernen haben. Darum trage ich meine mich treffenden Schicksalsschläge mit Fassung und sehe sie vielmehr als

Chancen zum Lernen an. Ich beklage mich nicht über sie, sondern frage mich, was ich daraus für mich lernen soll bzw. darf.

10. Die Erde ist somit eine Schule des Lernens. Wir lernen mit jeder Inkarnation, verständnisvoller, toleranter und vor allem liebevoller zu werden. Sind wir einmal nach vielen Inkarnationen ganz Liebe geworden, dann dürfen wir diese Erdenschule verlassen, denn wir haben unser Abitur bestanden und dürfen auf höhere Universitäten gehen, wo uns höhere Weisheiten und höhere Liebe vermittelt werden.

11. Ich weiß, dass ich, wo immer ich gegen die Liebe verstoße, selbst einmal derjenige sein werde, gegen den lieblos verstoßen wird. Nur dadurch lerne ich, liebevoll mit meinen Gedanken, Worten und Taten umzugehen. Alles, was ich anderen antue, wird mir selbst einst widerfahren. Das Karmagesetz, das diesen Lernprozess steuert, ist immer gerecht. Es gibt für mich keine Ungerechtigkeiten. Deshalb weise ich auch keinem anderen Menschen oder keiner

anderen Situation eine Schuld zu, denn ich frage mich, was ich durch eine Benachteiligung zu lernen oder aus früheren Leben noch auszugleichen habe, denn nichts geschieht zufällig.

12. Ich weiß, dass alles im Leben einen Sinn hat. Es gibt keinen »Un-Sinn«. Alles, was mir begegnet, hat eine Bedeutung für mich. Darum werde ich versuchen, den Sinn hinter den Dingen und Ereignissen zu erkennen.

13. Ich weiß, dass es allein an mir liegt, wie schnell oder wie langsam ich mich spirituell entwickle. Ich allein trage dafür die Verantwortung, was mir im Leben an Gutem oder Widerlichem widerfährt, denn beides sind die Früchte meiner in früheren Leben gehegten Gedanken, gesprochenen Worte oder ausgeführten Taten. Um ein nächstes Erdenleben in Freude und Liebe zu führen, werde ich das jetzige Leben nutzen, um anderen viel Freude zu bereiten und ihnen viel Liebe zukommen zu lassen. Ich allein bin der Schmied meines Glückes. Ich schiebe keinem anderen die Schuld zu. Denn ich bin und

war und werde für alles verantwortlich sein, was mir begegnet – wann auch immer.

14. Ich sehe das Leben als ein Geschenk an, mich mit jedem Erdenleben immer weiter in der Liebe und im Verstehen üben zu dürfen. Es macht mir Freude, anderen in ihrer Entwicklung behilflich sein zu dürfen und von ihnen Hilfe anzunehmen, die meiner Entwicklung zugutekommt. Deshalb bin jeden Tag dankbar, auf Erden sein zu dürfen und mehr über die Liebe zu erfahren und zu lernen. Und ich bin dankbar, mein Bewusstsein immer mehr für die göttlichen Gesetze und die göttliche Liebe öffnen zu können.

ÜBER DEN AUTOR

Trutz Hardo gilt als der bekannteste Rückführungsexperte Deutschlands. Millionen kennen ihn
aus dem Fernsehen, denn er hat in Live-Sendungen
Personen erfolgreich in ihre früheren Leben zu-
rückgeführt. Seine Rückführungsseminare finden
mit Teilnehmern aus ganz Europa statt. Der Autor
lebt in Berlin und arbeitet überall auf der Welt.
Weitere Informationen unter:
www.trutzhardo.com und *www.trutzhardo.de*

Trutz Hardo

Entdecke deine früheren Leben

Erfahre deine früheren Leben – und begegne deinem Höheren Selbst!

Immer wieder gibt es Situationen im Leben, die uns bekannt vorkommen: Landschaften, die uns seltsam vertraut sind, obwohl wir sie das erste Mal sehen; Menschen, die uns sofort nahe sind, obwohl wir sie nie zuvor gesehen haben. Wie lässt sich dieses »Déjà-vu«-Phänomen erklären?

208 Seiten, broschiert
€ [D] 14,90
ISBN 978-3-89845-283-0

Trutz Hardo befasst sich seit vielen Jahren mit Rückführungen in frühere Leben. Dieses Handbuch erläutert, wie wir uns mit Hilfe verschiedener Rückführungstechniken daran erinnern können, wie wir uns selbst und die Herausforderungen des heutigen Lebens besser verstehen lernen, um die Ursachen von einschneidenden Erlebnissen in allen Lebensbereichen zu durchleuchten.

Lassen Sie sich das größte Abenteuer Ihrer Seele nicht entgehen!

Trutz Hardo

Erfahre deine früheren Leben

Zum ersten Mal begleitet Sie Deutschlands bekanntester Rückführungsexperte auf 2 CDs in Ihre früheren Leben.

Doppel-CD,
je 70 Minuten +
36 Seiten Anleitung
€ [D] 36,80
ISBN 978-3-931652-28-9

Mit einer Count-Down-Entspannungsmethode wird der Hörer in den Alphazustand versetzt, in welchem es möglich ist, gefahrlos über das Unterbewusstsein frühere Leben wiederzuerleben.

384 Seiten, gebunden
€ [D] 24,90
ISBN 978-3-89845-014-0

Trutz Hardo
Das große Karmahandbuch

Wiedergeburt und Heilung

Deutschlands bekanntester Rückführungstherapeut legt hier ein umfassendes Grundlagenwerk vor, das sowohl Allgemeinmedizin als auch Psychotherapie mit einem neuen, revolutionären Heilansatz konfrontiert. In diesem Buch erfahren Sie alles über die Kette von Ursache und Wirkung – insbesondere in Bezug auf Krankheiten und Schwierigkeiten in zwischenmenschlichen Beziehungen. Die meisten Krankheiten werden schon in früheren Leben verursacht und manifestieren sich in Folgeleben als Symptome. Löst man die Ursachen auf, kann meist eine sofortige Heilung geschehen ...

480 Seiten, gebunden
€ [D] 29,90
ISBN 978-3-89845-047-8

Trutz Hardo
Das große Handbuch der Reinkarnation

Heilung durch Rückführung

Jede Krankheit, jedes Problem hat seine Ursache. Oft liegt diese Ursache in einem früheren Leben. Deckt man sie auf, wird häufig eine spontane oder wenigstens allmähliche Heilung erreicht. So heilt die aus Amerika stammende Rückführungstherapie oft dort, wo jede »klassische« Therapie versagt.

Dieses Handbuch ist mehr als ein Arbeitsbuch für Mediziner oder Therapeuten. Es ist auch für all jene Menschen bestimmt, die Probleme haben oder die krank sind oder sich einfach nur um Heilung Gedanken machen.

312 Seiten, broschiert
€ [D] 16,90
ISBN 978-3-89845-257-1

Denise Linn

Vergangene Leben – gegenwärtige Wunder

Wunder können tatsächlich in unserem Leben geschehen – einfach und mühelos. Dazu ist es nur notwendig, sich daran zu erinnern, wer wir wirklich sind ...

So sind wir in der Lage, die Blockaden aufzulösen, die zwischen uns und unserer Seele stehen. In diesem Buch lernen Sie, wie Sie in diese vergangenen Leben zurückreisen können, um Licht auf Ihre jetzigen Probleme zu werfen und sich endlich die Realität zu erschaffen, die Sie sich schon immer gewünscht haben.

Vertrauen Sie der amerikanischen Erfolgsautorin Denise Linn, und folgen Sie ihr in diesem Buch auf eine Seelenreise in die Zeit – leicht, ungefährlich und voller Wunder.

208 Seiten, broschiert,
€ [D] 14,90
ISBN 978-3-89845-259-5

Richard Webster

Dein Seelenpartner wartet ...

Der Bestsellerautor Richard Webster hat entdeckt, dass – irgendwo – jeder Einzelne von uns einen Seelenpartner hat. Diesen zu finden, das ist kein hoffnungsloser Traum, sondern absolut machbar.

Lesen Sie dieses Buch, und Sie werden die Hintergründe von Inkarnation, Karma und Seele verstehen lernen sowie über zahlreiche Fälle von Seelenpartnern lesen.

Praktische Meditationen und spezifische Übungen werden es Ihnen ferner erleichtern, sich selbst für die Liebe zu öffnen, um so Ihren Seelenpartner anzuziehen.

144 Seiten, broschiert
€ [D] 12,90
ISBN 978-3-89845-193-2

Daniel Meurois-Givaudan

Karmische Krankheiten

Erkennen – verstehen – überwinden

Dieses in seiner Art einmalige Buch versteht den Menschen als eine Folge von verschiedenen Reinkarnationen, wobei jede unterschiedliche Spuren hinterlassen hat, die sich im jetzigen Leben als Krankheit manifestieren können und die die traditionelle Medizin weder verstehen noch heilen kann. Ein erfahrener Therapeut mit medialen Fähigkeiten und einem tiefen Verständnis des Menschseins vermittelt hier einen einmaligen Einblick in die Komplexität von Krankheiten.

268 Seiten, broschiert
€ [D] 14,90
ISBN 978-3-923781-03-4

Anthony Borgia

Das Leben in der unsichtbaren Welt

Durch die Berichte von Raymond Moody und Elisabeth Kübler-Ross durften wir bereits einen kurzen Blick hinter den Schleier werfen. Hier liefert ein englisches Medium tatsächlich exakte und umfassende Beschreibungen der jenseitigen Welt und der Geschehnisse, die uns dort erwarten: Der Übergang in die geistige Welt; das Leben dort; auf wen man trifft; die verschiedenen Ebenen der höheren Dimensionen.

Dieses Buch ist ein Meilenstein in der Beschreibung der jenseitigen Welten. Die hier beschriebenen, beispiellosen Erfahrungen animieren jeden dazu, sein irdisches Leben in Zukunft aus einer gänzlich anderen Perspektive wahrzunehmen.

Weiterführende Informationen zu
Büchern, Autoren und den Aktivitäten
des Silberschnur Verlages erhalten Sie unter:
www.silberschnur.de

Sie können uns alternativ
die beiliegende *Postkarte* zusenden.

Ihr Interesse wird belohnt!

Interessante Diskussionen zu
den Themen des Silberschnur Verlages
finden Sie unter:
www.forum-spiritualitaet.de

*Tauschen Sie sich mit anderen Lesern
aus über Inhalte und Themen,
die Sie wirklich interessieren!*

Hier geht die Silberschnur-Welt weiter!